植草学園ブックス　特別支援シリーズ3

介護現場のリーダー お助けブック

コミュニケーションが苦手な人の支援のために

編著
川村博子・漆澤恭子・古川繁子・根本曜子

介護現場のリーダーお助けブック
－コミュニケーションが苦手な人の支援のために－

はじめに

　超高齢社会を迎えたわが国では、今後ますます介護サービスの需要が増大することが見込まれています。これに伴い介護の現場では人手不足の状況が続き、介護サービスの担い手としての介護職への需要はますます高まっています。

　そのような介護職への求人ニーズの高まりの中、他職種に比べると介護職の離職率はやや高い傾向にあります。介護現場では1年未満の離職率が40.1%ですが、1年以上3年未満の者の離職率も33.8%と高くなっているのです。しかし、全体の離職率は16.5%と他の産業に比べてもそれほど高くはないのです。3年以内の職場定着の重要性が分かる数字です。また、離職理由は職場の人間関係が最も高くなっています。介護職の処遇改善も早急の課題ですが、併せて、特に若い介護職の離職を防ぐためにも、職場内の円滑なコミュニケーションによる良好な人間関係が重要です。

　一方、介護福祉士の養成校では、入学する学生に人間関係やコミュニケーションに困難を持つ者が増えてきており、その特性への対応に苦慮しています。

　平成25～26年度に植草学園短期大学が学習やコミュニケーションに困難を持つ学生の介護分野における就労実態を探るため、全国の発達障害等の課題を持つ者の就労の事例収集等の調査研究を行った結果、コミュニケーションや対人関係構築のための技術の習得が必要であることが明らかになりました。介護の現場ではコミュニケーション力等の社会人基礎力を必要としていますが、介護職として入職後間もない養成校の卒業生には特にコミュニケーション力やストレスコントロール力が不足していることが明らかになっています。

　このため、介護分野で働く発達障害の疑いのある人を含め、人間関係やコミュニケーションに困難を持つ方の指導に苦労されている介護分野でのリーダーを対象として具体的な支援方法を分かりやすく伝えることを目標として本書を作成しました。

　本書は実際に介護現場をヒアリングした結果を参考に加工修正して作成した人間関係やコミュニケーションに困難を持つ介護に携わる方が直面する具体的困難事例を多く盛り込み、円滑なコミュニケーション力の育成を図るために、人間関係形成の基本となるコミュニケー

ションを介護現場で学べるように工夫しました。

　まず、「こんな人いませんか？チェック」で困難に直面している課題を想定し、事例を紹介し、「解説」では、必要な支援として、（独）高齢・障害・求職者雇用支援機構障害者職業総合センターの「発達障害者就労支援レファレンスブック」（（注）P61 参考資料２の１）参照）を参考に、①課題の要因の把握と目指すべき行動の確認、②目指すべき行動につながる支援、③周囲の理解促進と環境調整のカテゴリ　を柱として記述しました。

　介護現場のリーダーが本書を活用することによりコミュニケーションを苦手とする人達が職場内で良好な人間関係を築く一助となり、これらの人々の職場定着支援に繋げることができれば幸いです。

目　次

はじめに ……………………………………………………………… 3
　　登場人物紹介 ………………………………………………………… 7

第1部　マナー編 ……………………………………………………… 9

①挨拶 ……………………………………………………………………… 10
　　1　挨拶は社会人の第一歩 ………………………………………… 10
　　2　出会いの挨拶—これが挨拶のきほん— ……………………… 14
　　3　基本的なシチュエーション別あいさつ ……………………… 15
　　　（1）職場同僚編 ………………………………………………… 15
　　　（2）利用者編 …………………………………………………… 17

②言葉遣い ……………………………………………………………… 19
　　　（1）職場同僚編 ………………………………………………… 19
　　　（2）利用者編 …………………………………………………… 21

③新人の心得 …………………………………………………………… 23

④暗黙のルール ………………………………………………………… 27

コラム1　これってセクハラ？ …………………………………… 32
コラム2　LINE®の礼儀 …………………………………………… 33

⑤休憩時間の使い方 …………………………………………………… 35

第2部　行動編 ………………………………………………………… 39

①どっちが先？：業務の優先順位 ………………………………… 40

②業務の段取りが苦手 ………………………………………………… 43

③あいまいな言葉が苦手 ………………………………………………… 46

④集中することが苦手 ……………………………………………………… 48

第3部　自己理解編 …………………………………………………………… 51
①自己理解や精神面の課題 ……………………………………………… 52

本著の参考にした発達障害等に関する参考文献の概要紹介 ………… 60
発達障害等の方への就労支援のご案内 ………………………………… 63
職業能力開発関係 ……………………………………………………………… 66
支援者・事業主の方への就労支援のご案内 ………………………… 67
地域障害者職業センター …………………………………………………… 68
平成 28 年度障害者就業・生活支援センター一覧 ………………… 72

登場人物紹介

新人Aさん　　新人Bさん　　新人Gさん

リーダー　　先輩

同僚　　施設長　　利用者さん（男性）

利用者さん（女性）　　ナレーター

第1部
マナー篇
manners

- 挨拶
- 言葉遣い
- 新人の心得
- 暗黙のルール
- 休憩時間の使い方

1 挨拶

1 挨拶は社会人の第一歩

表情や声の大きさ、お辞儀の練習もして身につけることが大切です

挨拶にはこんなにいいことがあります

- 自分の存在を知ってもらえる
- 自分のことを理解してもらえる
- 仲間に入れてもらえる
- 仕事を教えてもらえる

→ だからはっきり言いましょう。

あいさつは人より先に自分から

★こんな人いませんか？チェック★

- ☐ 挨拶のマナーがわからない
- ☐ 自分から挨拶せずに人から挨拶されるのを待っている
- ☐ 挨拶のタイミングがわからない
- ☐ 場に合った挨拶ができない
- ☐ 相手との距離が離れているときの挨拶の仕方がわからない
- ☐ お辞儀の使い分けができない（軽いお辞儀でいい時・深いお辞儀をする時）

次の事例から職場での望ましい挨拶についての指導を考えてみましょう

事例1　Aさんは、新人研修で挨拶の大切さを学びました。習ったとおり、朝は部屋に入る前にドアの外で挨拶をしました。その後、ドアを開けましたが、先に来ていた先輩たちにびっくりした顔をされて、「挨拶もできないの！」と叱られてしまいました。

解決編　どうしたらいいでしょう？

Q1　この事例では何が問題なのでしょうか？

- Aさんは、習ったとおり入室の前に挨拶をしましたが、部屋にいる人たちには聞こえませんでした。

Q2　リーダーのあなたならどのように指導しますか？

（1）Aさんへ
- Aさんは、新人研修で習ったことを守って挨拶をしました。これについては、認めてあげましょう。
- その上で、なぜほかの人に「挨拶もできないのか」と怒られたのか説明します。あなたがドアの外から挨拶をして、それが部屋の中にいるAさんに聞こえないことを経験してもらうとわかります。
- Aさんと一緒にどうしたらいいか考えます。
  - ・ドアを開けてから言います。
  - ・多くの人に言うときは、大きな声で言います。
  - ・相手が限定されるときは、体をそちらに向けて、顔を見て、聞こえるように言います。

（2）職場の人にも理解を求めます
- Aさんは、場に応じた挨拶が苦手であり、練習中であることを理解してもらいます。
- リーダーのあなたが、機会を捉えてAさんへ挨拶のアドバイスをします。
- 職場の人たちにも、Aさんにどんな声掛けをしたらいいかを伝え、協力をお願いします。

挨拶が聞こえなかったときは、「挨拶、聞こえなかったよ」または「このくらい（実際に声を出して）の大きさだといいね」と教えて下さい。そのことで、適切な声の大きさを学べます。

適切な挨拶ができた時は、「気持ちいい挨拶だね」などほめて下さい。そのことで、いい挨拶が身に付きます。

（3）セルフチェックの方法を教えます
　＊鏡を見て、笑顔になっているか
　⇒どんな顔で挨拶されたら嬉しいか鏡に向かってやってみます。
　＊自分の挨拶に返事があったか
　⇒適切な大きさの声だと返事も返ってきます。

次の事例から場にあった挨拶の指導を考えてみましょう

事例2　Bさんの挨拶は「いつも元気がいいね」と言われています。
　今日は、主任と利用者さんが話しているところに通りかかり、大きな声で「おはようございます」と挨拶をしました。でも主任は渋い顔です。

解決編　どうしたらいいでしょう？

Q1　この事例では何が問題なのでしょうか？

● Bさんは、挨拶は、大きな声ではっきり言うことだと思っています。
　しかし、ここでは主任と利用者さんの話の邪魔にならないような挨拶をしなければなりません。
　Bさんは、場面によって挨拶を変えることが理解できていませんでした。

Q2　リーダーのあなたならどのように指導しますか？

（1）Bさんへ
● 話をしている人に挨拶をするときは、話の邪魔にならないように黙ってお辞儀をして通り過ぎることを指導します。
● ほかにもいろいろな場面の挨拶の仕方やお辞儀の仕方を、ロールプレイをしながら指導します。
〈15度くらいのお辞儀：軽く会釈をします〉
・廊下など離れた場所に相手を見つけたとき
・消灯後の廊下ですれ違うとき

・相手が黙ってお辞儀をしたとき
・その日、すでに「おはようございます」「こんばんは」等の挨拶をした人には、笑顔で軽くお辞儀をします

〈45度くらいのお辞儀：深く頭をさげます〉
・儀式やお葬式などのとき
・お詫びや謝るとき

（2）職場の人にも理解を求めます
● Bさんは、場に合った挨拶が苦手です。声を出さずに礼だけで挨拶をする場について練習中であることを理解してもらいます。
● 廊下ですれ違うとき、静かな部屋の中など、黙礼を必要とするときは、先に「しーっ」の合図をしてもらい実地の成功体験を重ねます。

（3）セルフチェック
「黙礼の時リスト」を作り、一日の終わりにその日、黙礼をする場面はなかったか、また黙礼ができていたかをチェックするようにします。

2 出会いの挨拶 —これが挨拶のきほん—

具体的な言い方が分からずに挨拶を躊躇することがないよう、あらかじめガイドラインを示しておくとわかりやすくなります。

- 同僚にも利用者さんへも同じです
- 出会いの挨拶はにこやかに言います。

あさ	ひる	よる
おはようございます	こんにちは	こんばんは

「こんにちは」は何時からという決まりはありませんが、だいたい十時から暗くなるまで。挨拶のことばが分からない時は、黙礼でもいいことをアドバイスします。

「表情も挨拶のうち」

すれ違う人と笑顔で「こんにちは」。暗くなったら「こんばんは」。

3　基本的なシチュエーション別あいさつ

　場面や相手によって適切な挨拶の仕方があります。まず、よく使う挨拶から身につけるようにします。

（1）職場同僚編

出勤するときも・職場でも・職場で出会った職員以外の人にも

> おはようございます

出かけるとき場を離れる時	出かける人には
○○に行ってきます	行ってらっしゃい

戻ったとき	帰ってきた人には
ただ今帰りました・戻りました	おかえりなさい

食事のはじめ	食事の終わり
いただきます	ごちそうさまでした

仕事の都合などで自分が先に食べるときは「お先にいただきます」と言います。

この挨拶の相手は誰でしょう？相手が見えない挨拶もあります。食事を作ってくれた人や食べ物に対しての感謝の挨拶です。作ってくれた人がわかるときはその人に言います。

「いただきます」「ごちそうさま」は感謝の意味で手を合わせる人もいます。礼だけの人もいます。どちらでもいいのです。職場では利用者さんに合わせましょう。

教えてほしいとき
すみません。教えて下さい

「すみません」と言ってから、おねがいをします。

話を聴いて欲しいときなどお願いがあるとき
すみません。〇〇して下さい

「すみません」はよく使う挨拶
- お願いをするとき
- 謝るとき
- 人に話し掛けるとき

言われたことが分からなかったり聞こえなかったりしたときは
すみません。もう一度教えて下さい

教えてもらったとき
ありがとうございました

「ありがとうございます」は、あなたの嬉しい気持ち、感謝する気持ちを伝えます。

「〜もらった」ときは ありがとうございます！
- ほめてもらったとき
- 物をもらったとき
- 拾ってもらったとき
- 助けてもらったとき

失敗したとき
申し訳ありません

「申し訳ありません」は、「ごめんなさい」の仕事バージョンです

「申し訳ありません」
- 間違えたとき
- 注意されたとき
- 迷惑をかけたとき

部屋やロッカールームに入るとき
失礼します

- エレベーターに乗るとき
- 廊下で人を追い越すとき

会議室や上司の部屋に入るときはノックをして返事があったら入ります

自分が先に帰るとき
お先に失礼します

退勤する人を見たとき
お疲れ様でした

目上の人に「ごくろうさま」は使いません。

退勤時

（2）利用者編

　職場では同僚だけでなく、利用者さんへの挨拶もあります。利用者さんの性別年齢などによっても挨拶に配慮が必要となります。

次の事例から利用者さんへの挨拶について、どのような指導をしたらよいか考えてみましょう

事例3　Aさんは、同僚との挨拶にはだんだん慣れてきましたが、利用者さんとの挨拶ではまだ緊張しています。特に出会いの挨拶では、ドキドキします。ある日、Aさんは主任に呼ばれ「利用者さんから、『こっちから挨拶したのに、書き物をしたままだったり、すれ違うときはポケットに手をいれたままだったり失礼な態度のスタッフがいる』『ぼそぼそ言っていて目も合わさない』とクレームがありましたよ」と注意されました。Aさんは欠かさず利用者さんに挨拶するように努力していたのにとがっかりしました。

解決編　どうしたらいいでしょう？

Q1　この事例では何が問題なのでしょうか？

● Aさんは、利用者さんに挨拶をすることに一生懸命で、ふさわしい姿勢や態度にまで気をつけられませんでした。また、挨拶をされたときは相手を見て挨拶を返すという基本的なマナーも知りませんでした。

Q2　リーダーのあなたならどのように指導しますか？

● 姿勢も態度も挨拶には大切な要素であることを説明します。
　・Aさんが利用者さんに欠かさず挨拶をしてきたことは認めます。
● そのうえで挨拶のときの適切な対応や姿勢を練習します。
　・ポケットに手を入れたまま話したり片足に重心をかけたりした姿勢は、「失礼だ」「バカにされている」と思われることもあります。

・車いすの利用者さんとすれ違うときも、下を向いたままだったりせずにはっきり挨拶をします。
・話をするときは、なるべく目の高さが同じになるようにしゃがんでします。座って話をするときは、足を組んだり、手を組んだりするような姿勢は失礼な感じがします。
・耳のとおい利用者さんには、ゆっくり大きめに声をかけます。名前を呼んでからだと注意して聞いてもらえます。

● Aさんは、緊張するとなかなか言葉がでないようなので、気候や天候の挨拶などをあらかじめ練習します。（丁寧な言葉遣いについては、②言葉遣いを参照してください）

- 温かくなりましたね　等
- 今朝は寒いですね
- 涼しくなってきましたね
- 桜が咲きましたね
- 空の色がきれいですね
- 雨で大変でしたね

挨拶ヒントブックに、気候や天候の挨拶例をまとめておくと参考になります。

② 言葉遣い

（1）職場同僚編

同僚には、いろいろな立場の人が居ます。
同じ年に入社した人、自分を直接指導してくれる先輩や、担当する仕事のリーダー、管理職の課長、部長、社長など、職場ではどんな人にも丁寧な言葉遣いをするのがマナーです。

★こんな人いませんか？ チェック★

☐ 呼ばれても黙っていたり「はい」と返事できずに「え？」と言ったりする
☐ 返事はしても呼ばれた方に顔や体を向けない
☐ 自分のことを話すとき「おれ」、や「ぼく」と言う
☐ 友だち言葉で話してしまう　☐ 相手の呼び方が分からず、もじもじしてしまう

１　返事は「はい」が基本

◆**名前を呼ばれたら**

> ○○さん

顔だけではなく、体もそちらへ向けて「はい」と返事をします。

◆**話し掛けられたら**

> ちょっと、手伝ってください

名前を呼ばれなくても自分に言っていると思ったら、そちらを見て「はい」と返事をします。

◆**聞かれたら**

> 何時からですか

「はい」と返事してから答えます

2　自分の言い方

　学校や家では「ぼく」「わたし」、仲のいい友だち同志では「おれ、自分」でよくても、職場では社会人。男女とも「わたし」「わたくし」と言います。

3　他人の呼び方

　教えてもらいたいときや、話があるときは、その人のそばに行って、名前を呼びます
　職場によって、職名（施設長、主任など）で呼ぶときもあります。分からないときは「なんとお呼びしたらいいですか」と聞きましょう

- 施設長
- ○○さん
- 失礼します

名前がわからないときは「失礼します」と言ってから話します

4　丁寧な言葉遣い

手紙に書くつもりで話します。話の終わりを「です」「ます」にします

◆報告をするとき
- 掃除がおわりました
- いま、やります

◆聞くとき
- これでいいですか

◆**嫌なことがあったとき**

職場では大きな声を挙げたり、悪い言葉をつかったりしてはいけません。
嫌なことがあっても、その場でグッと我慢します。

◆**もし嫌なことをされたら**

静かに「やめてください」と言います
大声で騒ぎません

◆**わからないことがあったら**

すみません。もう一度言ってください。
聞き直しましょう。

(2) 利用者編

利用者さんに対して、友だち言葉をつかったり、子どもに対するように話し掛けたりする例を見かけます。
親しみを表していると勘違いしがちですが、利用者さんには丁寧な言葉遣いで接します。

次の事例から利用者さんへの正しい言葉遣いについての指導を考えてみましょう

事例4　Aさんはデイサービスに勤務する20代前半の女性です。デイサービスでは利用者さんの自宅に送迎をしています。いつもは先輩が利用者さんや家族との会話を行いAさんは車いすの利用者さんの介助を行うだけでした。ところがある日、先輩が不在でAさんだけで送迎を行うことになりました。

夕方、デイサービスから自宅へ利用者さんを送ったとき、家族の方から「お昼は全部食べられましたか？」「お風呂は気持ちよさそうに入っていましたか？」と聞かれたのでAさんは、「全部食べたよね。おいしかったねぇ」「お風呂気持ちよかったよね。また入ろうねぇ」と利用者さんを見ながら答えました。

こんなAさんに対して家族からは「父を子ども扱いしており尊厳が傷つけられた」「信頼できない介護者なので担当を変えて欲しい」と施設長に電話がありました。

| 解決編 | どうしたらいいでしょう？ |

Q1　この事例では何が問題なのでしょうか？

●利用者さんに、なれなれしい、子ども相手のような言葉遣いをしてしまったことで、家族には失礼だ、家族を任せたくない介護者だと思われてしまいました。

Q2　リーダーのあなたならどのように指導しますか？

・利用者さんと親和的に接しているＡさんの気持ちは認めます。

・その上で、友だち言葉や子どもへ話すような言葉は、とても失礼に感じることを伝えます。

・利用者さんの状態は様々でも、常に丁寧な言葉で話すことを指導します。

・利用者さんや家族の話の中でよく使う敬語を練習します。

> 【例】「全部食べられましたか？」⇒「はい、召し上がっていました」「おいしそうに食べていらっしゃいました」
> 【例】「お風呂へは気持ちよく入っていましたか？」⇒「はい、気持ちよさそうに入っていらっしゃいました。」「また入りましょうか？」

・食べる⇒召し上がる　見る⇒ご覧になる　など言葉が変わる敬語を覚えるのが難しいときは、〇〇ましたか？という質問の、〇〇のあとに「いらっしゃいました」「いらっしゃいませんでした」をつける方法もあります。

> 【例】楽しそうに歌っていましたか？　⇒歌っていらっしゃいました。

これに当てはまらない言葉もありますので、いろいろな機会を捉えて練習することで身につけていきます。

❸ 新人の心得

　職場に新人として入職したときに必要とされる挨拶・言葉遣い、上司への礼儀、場面や立場を配慮した発言、出勤時間等、明文化されていない職場の慣習は理解することが難しい場合があります。報告・連絡・相談（「ホウ・レン・ソウ」と呼ばれます）なども苦手な人がいますが、これらは社会人には仕事の上でとても重要とされています。

　介護の仕事は生命にかかわる場合もあり、特に自分で判断することの困難な新人にとっては、同僚・上司への報告・連絡・相談は大切なものです。

　まず最初に次のような行動をとっている人はいないか、チェックしてみてください。

★こんな人いませんか？ チェック★

- ☐ 出勤時に始業時刻より早めに来て着替え・作業の準備等を行うことができない。
- ☐ 遅刻が多く、遅刻の際に連絡ができない。
- ☐ 朝の出勤時や帰宅時に職場の同僚・上司や利用者さんに元気に挨拶できない。
- ☐ 報告・連絡・相談の方法がわからない。
- ☐ 周囲の職員が忙しそうに仕事していても手伝わない。

　では次に、Bさんの事例から職場で期待される新人のマナーについて考えてみましょう。

次の事例から、新人の心得について考えてみましょう。

事例5　Bさんは普通高校を卒業後、専門学校を卒業し、介護福祉士の資格を取得して、特別養護老人ホームに介護士として就職しました。学校生活で遅刻、早退、欠席の多かったBさんは、就職後も朝早く1人で起きることができません。お母さんに起こされてやっと職場に向かいますが、朝ご飯を食べる時間も無いのが殆ど毎日です。職場には始業時間ぎりぎりに飛び込みます。遅刻も目立ち、職場の周りの人からは新人なのにとあきれられていました。

　仕事着に着替える時間も始業時間開始後です。慌てて仕事を始めることが多く、仕事で分

からないことがあっても質問ができずに立ちすくんでしまうということが続きました。

　Bさんは試用期間が終わったとき、本採用は無理と言われました。

解決編　どうしたらいいでしょう？

Q1　この事例では何が問題なのでしょうか？

　Bさんは職場の新人として一般的に要求される出勤時間等、明文化されていない職場の慣習を理解していないことが周囲の人々には問題と見られています。

Q2　相手はどう感じているでしょうか？

　職場の周りの人達は、出勤時に始業時刻より早めに来て着替え・作業の準備等を行うことは、新人として当然のことと考えています。その当然のルールを守れないBさんは、職場の中では困った人と見られているのです。

Q3　その問題を改善するにはリーダーのあなたならどのようにしますか？

　課題の要因の把握として、作業開始時間を守れない理由や、なぜ遅刻するのかの原因を聴取・把握し、時間厳守は仕事をする上での基本ルールであることを説明します。

　適切な出勤時刻のための出勤経路等を一緒に検討することも良い方法です。具体的な支援としては、遅刻しないという目標を書面化し、実行できたか否かをカレンダー等で自分で確認するのも一つの方法です。Bさんには職場で明文化されていないルールを学ぶ必要があります。職場の他の人にとっては明文化されていなくて当然のことも、Bさんには文字化した資料として作成し活用する必要があります。例えば「遅刻しそうになったら」「出勤したら」等の場合、取るべき行動手順や電話番号、電話する時間や連絡先を明記することも有効です。家族の協力が得られる場合には、家族と連携した支援もあります。

解説編　その後のBさんの様子

　Bさんは、発達障害との診断を受けました。その後、地域障害者職業センター（注P68参照）を紹介され、職業準備訓練を受講し、時間を守る・休まない・遅刻しない・早退しない・指示が分からないときの質問の仕方・身だしなみ・集団における対人関係などを学びました。質問することが苦手だったので、分からないことは聞けるように繰り返しロールプレイで学ぶとともに、施設内で走りださない・大声を出さない等のマナーも学習しました。

　職業準備訓練終了後に、介護士を募集していた高齢者介護施設に就職しました。仕事内容は、介護の周辺業務で館内清掃、入浴準備などを担当しました。就職してから1年が経ちましたが、訓練で学んだことを活かしてBさんは元気に仕事を続けています。

〈挨拶のマナーについての支援〉

　課題の要因の把握として、挨拶は社会人の基本、コミュニケーションの基本であること、その必要性や重要性を説明します。挨拶した場合とそうでない場合を実演し、対象者の印象を確認し、職場で挨拶することの必要性を説明します。

　具体的な支援として、実際の場所で支援者がモデリング（実際にやってみせる）を行い、対象者には挨拶が必要な場面で実践してもらう等の支援をします。また、良い例をロールプレイで練習する方法もあります。

　本人の同意が得られた場合には、挨拶が苦手なことを周囲の人に伝えて理解を得ることも考えられます。

★指導時のチェック！★

- ☐ 始業時前 10 ～ 15 分には職場に行き、仕事の準備ができている。
- ☐ 着替えとトイレは済ませている。
- ☐ 朝の挨拶は職員にも利用者さんにも元気で明るく「おはようございます」と言う。
- ☐ 帰宅時には、職場に残っている同僚や上司に「お先に失礼します」と言う。
- ☐ 施設内をバタバタ走らない。
- ☐ 周りの人が忙しいときに手伝いができる。

④ 暗黙のルール

　職場でどのようにふるまうべきかについては、明文化されたルール（例えば就業規則など）があります。一方、言葉や文字になっていない職場内の慣習（例えば「できないことはごまかさない、ミスがあったら報告する、業務中は携帯電話を使わない」などの「暗黙のルール」を守ることは作業遂行の結果にも影響を与え、これらを踏まえた行動が社会人としては必要とされます。

　仕事中に他の人に話しかけたり質問するときには、相手に今は話を聞いてもらえるか、今、相手がどのような状況にあるかを尋ねる一言が大切です。仕事で次のような行動をとっている人はいませんか？

★こんな人いませんか？ チェック★

- ☐ 仕事中に分からないことがあると相手の状況は考えずに質問や相談をする。
- ☐ 話をしている同僚や上司の間に口を挟む。
- ☐ 職場の上下関係が理解できていない。
- ☐ 文章に書かれていないことは守らなくて良いと思う。
- ☐ 他人のミスは自分に関係ないことでも、小さなこと・大きなことに関わらず、大きな声で周囲の人に聞こえるように指摘する。

では、次にBさんの事例から、職場で期待される行動について考えてみましょう。

次の事例から、他人の気持ちを理解することについて考えてみましょう。

事例6　Bさんはデイサービス事業所に勤務する20代の男性です。
　Bさんはデイサービス事業所では洗濯・清掃等の仕事を担当しており、利用者さんの直接的な身体介護はコミュニケーションがあまり上手にできないことなどから担当していません。
　Bさんの特性として、他の人の気持ちがわからないことがあり、他の職員からは「Bさんは空気が読めないんだよね」と時々言われます。そんな

Bさんを心配したデイサービス事業所の所長さんはBさんのことを何かと気にかけてくれ「何か困ったことがあったら私に相談しなさい」と言ってくれます。Bさんも所長さんが大好きで、所長さんをとても頼りにしています。所長さんもBさんが職場で仕事が続けられるように、できるだけ時間を作るようにしてくれていました。

　所長さんが外出先から戻り、ようやく一息入れたときでした。所長さんの帰りを待ちわびたBさんが、所長室に飛び込んで来ました。「ねえねえ、所長さん。どこに行ってたの？誰と一緒だったの？何してたの？」と矢継ぎ早の質問をしました。所長さんは、その日はもうクタクタでした。いつもは心にゆとりがあり、Bさんの話をじっくり聞いているのですが、さすがにこのときは他人の気持ちや状況判断ができないBさんに腹が立ってしまったそうです。

解決編　どうしたらいいでしょう？

Q1　この事例では何が問題なのでしょうか？

　Bさんには、場面に応じた振る舞い方や言葉遣いがうまくできないという特性があります。Bさんの①職場での不適切な言動がある、②なんでもはっきり言ってしまう、③思いついたことをすぐ口にする、④ジョークが通じない、⑤業務改善計画を作成し周りを批判する、⑥雑談・飲み会が苦手などは、職場の人達からは問題行動として捉えられがちです。

Q2　Bさんは相手がどう感じているか分かっているでしょうか？

　Bさんは、職場でふるまうべきマナーを心得ない人だと思われています。職場には就業規則などの明文化されたルールの他に、言葉や文字になっていない慣習があります。所長さんはBさんに、自分が今は疲れているということを理解してほしいと思って腹が立っているのです。しかしBさんは、職場の人達や所長さんの気持ちを理解できません。相手の感情や表情を理解できなかったり、苦手であるというのはBさんの個性・特性なのです。

Q3 その問題を改善するにはリーダーのあなたならどのようにしますか？

　Bさんの課題の要因の把握のために、Bさんが対人マナーや職場の暗黙のルールをどの程度理解しているかを把握し、社会生活のルールを説明します。

　職場のルールやマナーとしては、

（1）　職場のルール

①　就業時間を遵守する

②　適切な就業態度を取る

③　業務命令に従う

④　職場の上下関係を踏まえた適切な態度を取る、等が、

（2）　職場のマナー

①　適切な言葉遣いができる

②　挨拶のマナーを守る

③　職場にふさわしい常識的言動を取る、等

があります。

　これらを学ぶためには、モデリングで提示したり、対人マナーやルールを守ることを目標に設定します。Bさんは、その場の状況や雰囲気を読み取ることが苦手です。特に、言葉や明文化されていない職場内の慣習を理解することが困難です。

　そのため、支援方法として、Bさんがわかり易いように相手の気持ちや状況を絵や図で視覚的に示したり、会話における相手の反応についての研修・体験学習を行ったり、個別の状況場面の振り返りを行い分かり易く解説を行う等が有効です。職場における慣習や、いわゆる「暗黙のルール」（例：新入社員は早めに出勤して職場の掃除をする、上司の忙しいときには邪魔をしない等）をできるだけ明文化し、具体的に時間や数字などに視覚化して指導すると理解しやすいでしょう。

　ＳＳＴ（ソーシャル・スキルズ・トレーニング）による体験的理解や、「良い例」の実演などのロールプレイの実施も有効です。

　一方、周囲の理解促進として、Bさんが職場の人に理解してもらうために、Bさんの特性について説明し周りの人達にその特性を理解してもらい、周囲の理解を促進することも大切です。

これらの指導は朝の申し送り時や報告・連絡・相談などを通じて行います。
　Bさんには仕事中に他の人に話しかけたり質問するときには、相手に今は話を聞いてもらえるか、今、相手がどのような状況にあるかを尋ねる一言を覚えてもらうことが大切です。

★指導時のチェック！★

- ☐ 他の職員が忙しく作業をしているときには声をかけない。
- ☐ 仕事中に人に話かけるときには、必ず「今、よろしいですか？」と尋ねる。
- ☐ 分からないことを聞きたいと思っても、すぐに話しかけずに相手の状況をうかがう。
- ☐ 仕事中に人に話かけるとき、相手が他の人と相談中だった場合には時間をおき、相談の終了後に改めて話す。
- ☐ 上下関係を配慮した態度を取っているか。
- ☐ 上司や他の職員が電話しているときには声をかけない。
- ☐ 職場では大声を出したり、乱暴な言葉を人につかってはいけない。
- ☐ 一呼吸おいて、本当に言うべきことを考えてみる。　←これはリーダーのあなたにも必要です
- ☐ 人のミスを見つけて大声で指摘しない。

次の事例から、コミュニケーションについて考えてみましょう。

| 事例7 |

Cさんは20代男性で一流大学を成績優秀で卒業しましたが、就職に失敗し、社会福祉法人の事務職として就職しました。仕事は熱心ですが、コミュニケーションに問題がありました。頼まれたわけでもないのに業務改善計画を作成し、周りの業務を批判してしまう、電話を取らない、何かあると他人を攻撃してしまうなどの行動が見られました。その後、適応障害の診断を受け、法人内の障害者生活介護施設に異動となりました。異動後、レクリエーションプログラムを担当し、工芸などに黙々と打込み、周りから認められ適応できるようになりました。利用者さんと一緒に打込めるところがよかったのではないかと思われます。

次の事例から、コミュニケーションについて考えてみましょう。

| 事例8 |

Dさんは介護の周辺業務で館内清掃、入浴準備などを行っている20代の男性です。4日勤務2日休みの就労形態で就職後数年間は契約社員、その後正社員を予定されています。なんでもはっきり言ってしまう、思いついたことをすぐ口にするためトラブルの火種になることもあり、職場の同僚との人間関係が問題になることがあります。

職員の親睦旅行への受け入れについて、親睦会では気の合う者で楽しみたいとのことで参加できませんでした。

解決編　CさんやDさんの問題点の改善のためにリーダーのあなたはどのようにしますか？

職場の人に理解してもらうために、CさんやDさんの特性について説明し、その特性を分かってもらいます。CさんやDさんは、①職場での不適切な言動がある、②なんでもはっきり言ってしまう、③思いついたことをすぐ口にする、④ジョークが通じない、⑤業務改善計画を作成し周りを批判する、⑥雑談・飲み会が苦手　などが職場の人達からは問題行動として捉えられがちです。

課題の要因の把握のために、CさんやDさんが対人マナーや職場の暗黙のルールをどの程度理解しているかを把握し、社会生活のルールを説明し、自分の態度が周囲にはどのように見えているかを考えてもらい、対人場面での適切な態度をモデリングします。

さらに、場面設定して個別に練習したり、ＳＳＴによる練習を行います。

コラム1　これってセクハラ?

　職場で上司や同僚、利用者さん、利用者さんの家族などから不快と感じる性的な言動を受けたときは、はっきりと拒絶の意思を相手に示し、その行為がセクシュアルハラスメント（以下、「セクハラ」）だということを相手に伝えることが大切です。

　我慢したり無視したりすると、セクハラ行為が続き事態をさらに悪化させてしまうかもしれません。

　セクハラは職場全体の問題です。問題を解決していくことが、悩んでいる他の人を救うことに繋がることもあります。

　介護現場は利用者の入浴、排泄、個室での支援等、セクハラ行為の被害者・加害者双方の危険を伴う支援の場面が多くあります。職場のリーダーはセクハラとはどのような行為であり、その対応方法についても知っておく必要があります。

★こんな人いませんか？チェック！★

- ☐ 利用者さんから身体に触れる、身体について話題にされても、それは親愛の情の表れと思い我慢している。
- ☐ 職場の上司から、仕事が終わってから飲みに行こうとよく誘われているが断れず困っている。
- ☐ 職場の先輩から「○○ちゃん」と呼ばれて嫌な顔をしつつも我慢している。
- ●髪の毛に触る、肩に手を置く等
- ●飲み会にしつこく誘われる
- ●「○○ちゃん」と呼んでいる先輩

★指導時のチェック！★

- ☐ 自分が不快と感じる性的な言動をされたときに、上司や職場の人、または家族に相談するように言う。
- ☐ いやだと思う行為をされたときには、はっきりと「やめて下さい」と言うよう指導する。
- ☐ 飲みに行こうと誘われて、断るときには「すみません」とお詫びを言うとともに「誘っていただきありがとうございます」とお礼も言うように指導する。

コラム2　LINE®の礼儀

　新人職員が親しくなった職場の同僚と、LINE®を使って会話することがあります。そのときにわきまえておくべき礼儀があります。その礼儀を知らないと人間関係がこじれたりすることもありますので、注意すべき点を教える必要があります。次のような礼儀を守って、LINE®を使ったコミュニケーションを楽しむようにしたいものです。

礼儀その1．既読にしたらなるべくすぐに返信する。

　相手に自分のメッセージが読まれると、既読という表示が出ます。相手から送られて読んだら、なるべくすぐに返信するようにしましょう。

礼儀その2．複数名の LINE®で個人的会話はしない。

　グループを作ってやりとりをする LINE®で2人（あるいはごく数人）だけにしか通じない会話をすると、自分と関係のないやりとりをグループ内で続けられた他のメンバーは楽しくありません。

礼儀その3．スタンプを楽しく使う。

　LINE®には可愛いスタンプというものがいろいろあります。このスタンプをたくさん押し続けたり、真面目な会話中に押したりするとグループのメンバーの感情を害することもあります。

　では次に職場の同僚とのグループの LINE®で人間関係がこじれてしまった事例を見てみましょう。

次の事例から LINE®での礼儀について考えてみましょう。

事例9　　　Eさんは4月に特別養護老人ホームに介護職として就職しました。新採用の職員5名と親しくなろうとしてEさんは5名のLINE®グループを作りました。

　Eさんの勤務が休みの日、他のメンバーは勤務中なのにEさんはLINE®を送りました。お昼休み時間になって既読になっても返事がありません。Eさんはみんなが返事をしてくれないことに焦りLINE®を沢山送りました。他のメンバーの勤務が終わりグループLINE®を見ると、20通ほどのEさんからのLINE®が入っていました。これにあきれてしまったFさんがLINE®グループを止めたいと言い出しました。Eさんは新採用の5名が仲良くなるために作ったLINE®グループを止めることが許せず、グループLINE®でFさんを非難し続けました。

　その結果、Fさんは職場を休みがちになり、辞めたいとまで上司に相談するようになりました。この話を聞いた施設長はFさんではなくEさんが辞めるべきだと考えるようになったのです。

★こんな人いませんか？ チェック★

- ☐ LINE®の未読を責める。
- ☐ LINE®グループへの参加を強要する。
- ☐ 即時に返信するように要求する。

★指導時のチェック！★

- ☐ 既読にしたら、なるべくすぐに返信するように指導する。
- ☐ グループのLINE®はメンバー全員に分かる会話にするように指導する。
- ☐ 返信が来ない場合は、仕事に追われている等の相手の状況を察するように指導する。

⑤ 休憩時間の使い方

　介護の職場に限らず、職場には休憩時間があります。休憩時間などに世間話や雑談など周囲とのコミュニケーションを取ることができない職員はいませんか。また、求められる当たり前の行動について理解していない職員はいませんか。休憩時間に関し、そうした職員について考えましょう。

　学校でも、授業と授業の合間に休み時間というものがありました。次の授業の支度をしたり、教室の移動をしたり、給食を食べたり、運動をして気分をリフレッシュします。職場の休憩時間は自由時間とはちがいます。勝手に何をしてもよいわけではありません。職場ごとに一定のルールがあります。しかし、新人はそのルールを理解していない場合があります。

★こんな人いませんか？ チェック★

- ☐ 世間話や雑談についていけない。
- ☐ 食事の後、ずっとトイレでスマホを見る。
- ☐ 休憩時間に出されたおやつをひとりで沢山食べてしまう。
- ☐ 休憩時間が終わってから、トイレに行く。
- ☐ 休憩室などで大声で電話する。

次の事例から、休憩時間の使い方について考えてみましょう。

事例 10　　　新人職員のAさんは優しい性格で、利用者さんに人気があります。自分でもそれは嬉しいと感じています。一方で休憩時間が近づくと、スマホのゲームがしたくてそわそわし、時には休憩時間前にスマホをもってロッカー室にこもっています。その後の食事時間もゲームに夢中です。休憩終了時間ぎりぎりにスマホをロッカーにしまい、休憩時間が終わってからトイレに行き、仕事場に戻りました。先輩が「時間が守れないなら、スマホはだめだよ」と注意しました。Aさんは利用者さんから人気があったので、先輩からいじめを受け

35

たと感じてしまいました。それから仕事に行くと、また意地悪をされるのではないかと不安で、ストレスがたまってきています。

解決編　どうしたらいいでしょう？

Q1　ここでは何が問題でしょう？

　Aさんは休憩時間に入る前から、また休憩時間いっぱいゲームをしていました。このことからAさんは「休憩時間」に求められる行動を理解していないことが考えられます。

Q2　Aさんは先輩の言葉をどう受け取ったのでしょう？

　休み時間で自由にしてよいはずなのに、スマホを禁止されたことから、先輩は自分を嫌っているので意地悪をしていると感じています。

Q3　この問題点を改善するにはリーダーのあなたならどのように支援しますか？

　休憩時間といっても一定のルールがあることを指導します。求められる行動、優先されるべき事項について整理して伝えます。具体的にスケジュールやルールを作り、それを守るように指導します。また、1人で過ごしたいと感じているときにはそれを受け止めていきましょう。

解説

　職場でコミュニケーションが苦手で、世間話などに入れないと感じている人もいます。他の職員とコミュニケーションを取れるよう休憩時の話題を事前にきめておいたり、話題の作り方を練習する方法もあります。今日のニュース、天気などの話題で体験学習をしてみるとよいでしょう。話しかけられたときの聞き方を具体的に助言することも有効です（例：相づち、目線、表情、姿勢など）。うまくコミュニケーションを取れていたときはフィードバックを行い、自信につなげるよう心がけます。

　話題作りなどの練習をしても、難しい場合もあります。「仕事の話ならいいのですが、皆さんの世間話に入るのが億劫です。どうしたらよいか相談にのって頂けますか」と相談されたら、その気持ちを大切にしましょう。また、自分からは相談ができない場合もあります。戸惑っ

ている様子であれば、声をかけてみましょう。1人で過ごす方が本人にとって楽であったり、落ち着いて過ごせるといった特性を理解し、認めて他の方法も考えてみましょう。可能であればその人に合わせた環境調整をしましょう。例えば車の中で過ごすなど。

　また、時間ぎりぎりに仕事場所に戻るのでは時間通りに業務を始められません。時間通りに業務が始まるように、余裕を持って仕事場所に戻ります。その前にトイレ、歯磨きなどすませる必要があることを指導し、理解してもらいましょう。お菓子を独り占めしてしまう場合には、周りの人にも理解を得て食べ方ルールを明確にすることも必要です。

★指導時のチェック！★

- ☐ お昼休みなら、昼食をとる。
- ☐ 水分補給も忘れず、午後の勤務に備えることができている。
- ☐ 休憩時間を守ることができる。
- ☐ もし、休憩時間に外出しなければならないとき、周囲の職員に声をかけることができる。
- ☐ もし、私用で電話したいとき迷惑にならない場所に移動して、電話をすることができる。
- ☐ 差し入れなどのお菓子を出されても、周りの人と同じ量を取ることができる。
- ☐ 1人で過ごしたいときには申し出て、1人になれる。

第2部 行動篇
Behavior

- 業務の優先順位
- 業務の段取りが苦手
- あいまいな言葉が苦手
- 集中することが苦手

① どっちが先？：業務の優先順位

忙しい職場では、一度に何人もの人からいくつものことを頼まれることがあります。そんなとき、何を一番優先に取り組むかを決める必要がありますが、その決断が苦手な人もいます。仕事の内容や手順の整理の仕方を考えて仕事の優先順位をつけるように指導することが大切です。

★こんな人いませんか？ チェック★

- ☐ 一度に２つ以上のことを頼まれると混乱してしまう。
- ☐ 忙しくなるとミスが重なる。
- ☐ 何かしているときに中断すると忘れてしまう。
- ☐ 全部一度にこなそうとして全部ができなくなる。

では、次にＡさんの事例から、職場で期待される仕事の手順について考えてみましょう。

次の事例から、業務の優先順位について考えてみましょう。

事例１　Ａさんは20代前半の女性で９〜17時の勤務でデイサービスで働いています。入浴介助やリハビリテーション支援等を担当しています。少人数の中で多くの業務をこなす中、肉体的疲れとともに、精神的にも疲弊し、人間関係に支障をきたすようになりました。デイサービスの利用者さんは毎日異なるため、なかなか名前も覚えられませんでした。

　それでも、Ａさんは何とか仕事を続けていきましたが、職場の周りの人達からは、仕事に慣れてきたと見なされて違う仕事も任されるようになりました。仕事もいろいろあり、特に忙しくなると何を一番先に手をつけたら良いのかの業務の優先順位がつけられなくなりました。

　職場では利用者さんのケース記録を短い時間で書かなければなりませんが、覚えていられません。プログラムの参加、昼食準備、送迎等の一日の業務の流れに付いていけません。

　行事のときに利用者さんと遊んだりすることは楽しいのです。しかし、他の人に声をかけられたりすると次にやらねばならない仕事を忘れてしまい、周りをイライラさせてしまい、

自信喪失となってしまいました。

解決編　どうしたらいいでしょう？

Q1　この事例では何が問題なのでしょうか？

　Aさんのような人達の抱える課題は、優先順位をつけて仕事をすることが苦手ということです。また、同時に２つ以上のことを頼まれると混乱したり、同時に複数の仕事ができないということもあります。

　Aさんの場合には、抽象的な作業指示を理解することが苦手ということもあります。抽象的な指示を理解できず、相手の意図どおりに処理できなかったり、分からなくても質問できないという課題があるのです。

Q2　Aさんの問題点を改善するには、リーダーのあなたなら どのようにしますか？

　まず、Aさんの課題の要因の把握として、優先順位をつけて作業を行う必要性についての理解の状況を確認します。その上で、作業スケジュールを立てることへの支援を行います。

　支援の方法としては、①１日の作業スケジュール表を作成しルーティンで動けるように指導すること、②メモの書き出しができないことから、書くのに慣れるように指導すること、③メモの取り方、メモリーノートなどを活用できるように指導すること、④作業スケジュールやチェック表の利用　などを指導します。

　周囲の理解促進のためには、その特性について説明し周りの人達にその特性を分かってもらいましょう。

　優先順位が分からない場合に相談できる相手を決める、Aさんに合わせて作業手順を調整する・作業を選択することも有効です。

　また、抽象的な作業指示を理解することが苦手なので、①口頭ではなくメモやメールで指示を出してもらう、②具体的に１つずつ指示を出してもらう、③仕事は優先順位を付けて指示してもらう、④指示は決まった人から出してもらう、あいまいな表現はできるだけさけてもらう、⑤手順書を作成してもらう、等を職場の上司に話してみると良いでしょう。

職場の周囲の人の配慮事項（特に周りの人のＡさんの特性への配慮が重要！）

- ☐ 一度に多くの仕事を頼まない。
- ☐ Ａさん以外の人ができることは他の人に頼み、Ａさんが仕事を抱え込み過ぎない
  ように配慮する。

★指導時のチェック！★

- ☐ やるべき仕事は見えるところに書いておく。
- ☐ 常にメモ帳を持ち歩く。
- ☐ 一日のスケジュールをメモに書く。

② 業務の段取りが苦手

　介護の場面ではしばしば臨機応変の行動が求められます。入浴介助もその一つです。ところがその臨機応変、変化への対応が苦手な人がいます。また、見通しを立てて行動ができないという特性も見られます。しかしその特性をこちらで理解し、環境調整することで解決できることが多くあります。

★こんな人いませんか？ チェック★

- ☐ 予期できないトラブルへの対応が苦手。
- ☐ 作業の見通しを立てることが苦手。
- ☐ 自己判断で重要な手順を削ってしまう。

次の事例から、業務の段取りについて考えてみましょう。

事例2　Bさんは利用者さんの入浴介助をするため、脱衣所に利用者さんを連れて行くので、誘導しようとしました。しかし、利用者さんがなかなか入浴に行こうとしないので、「誘導すること」ばかりに気を取られ、利用者さんの着替えを一式忘れてしまいました。先輩に「着替えはどうしたの？」と言われ、頭が真っ白になってしまいました。

解決編　どうしたらいいでしょう？

Q1 この事例では何が問題でしょう？

　Bさんは予期できないトラブルへの臨機応変な行動ができません。利用者さんを誘導することばかり考えています。また、このように複数作業を並行して行うことが苦手な人もいます。手順が多く手順が抜けてしまいました。

Q2 その問題点を解決するために、リーダーのあなたならどう支援しますか？

　見通しを立てて行動できない原因を一方的に指摘するのではなく、一緒に考えることが必要です。そして入浴介助で利用者さんを誘導する前に、Ｂさんがすることを順番にリストにして、チェックしながら進めます。利用者さんの移動に手間取ったとしても、リストをチェックしながら、見落としがないようにします。

解説

　Ｂさんの「課題の要因の把握と目指すべき行動の確認」のために手順が抜ける原因を把握します。手順が抜ける作業が何かを特定し、手順が抜ける傾向を見極めます。忘れ物の多い人には注意を何度もするよりも、文字化したチェックリストを作成して利用しましょう。このチェックリストは新人教育にも有効です。また、上司や同僚がチェックリストの確認を促すことで、意識的に取り組めるようになります。一方でＢさんが臨機応変の対応が苦手な理由を把握し、臨機応変の可能性があることや事前に変更の幅を伝えます。また、生じ得る出来事に複数の対応策についてあらかじめ相談し、整理することも有効です。そのためにも利用者さんそれぞれに合わせた介助に沿った作業の手順を視覚化した手順書があるとよいです。一方で「周囲の理解促進と環境調整」のため先輩を含めた周りの人々にＢさんの特性を理解してもらうことが重要です。

分からないこと、判断できないことがあれば、近くにいる職員に尋ねられるよう指導しましょう。迷いながら自分で判断させないようにします。

★指導時のチェック！★

☐　着替えはすべてそろえられた。

☐　入浴に必要な物品を準備できた。

☐　入浴に行くことを伝えて、利用者さんの反応を見た。

☐　利用者さんのいつもと違う言動に気がつく。

☐　上司に報告が必要なときに報告できる。

③ あいまいな言葉が苦手

　言葉で伝えることの難しさは日々感じるところです。一つの言葉でも世代によってとらえ方が違っていたり、生活歴の違いから言葉の意味の重みが違ってくることもあります。職場の中においても、同じことが起こります。どんな人でも分かりやすく、具体的に伝わる必要があります。

★こんな人いませんか？ チェック★

☐ 作業のミス部分を「それはダメですね」と言われ「自分はダメなんだ」と過度に落ち込む。

☐ 逆にミスをしたので「もういいです」というと「よかったんだ」と捉え、正しく次の行動ができない。

☐ 「ちゃんとやって」の「ちゃんと」の意味がわからない。

次の事例から、あいまいな言葉での指示について考えてみましょう。

事例3　　　Bさんは頭が真っ白になって、何もしようとしないので、先輩はあきれて「もういいです」と言って利用者さんを浴室に連れて行こうとしました。Bさんは先輩がもういいと言ったので、何もしなくてよい、自分の仕事は終了したと思ってしまいました。

解決編 どうしたらいいでしょう？

Q1 Bさんの行動についてどう思いますか？

　先輩はBさんが何も行動しようとしないため、これ以上利用者さんを待たせたくなかったのです。「もう浴室に行きます。その間に着替えを持ってきてほしい」という気持ちでした。このように言葉の中にはその人の気持ちが込められています。しかし、その気持ちを察することができない特性のある人がいます。「もういいです」をそのまま何もしなくてよいと受け取ったのです。

46

Q2 リーダーのあなたならどう支援しますか？

「もういいです」のようなあいまいな気持ちが込められている言葉ではなく、はっきりとした指示を出します。「もう浴室に行きます。その間に着替えを持ってきてください」だと伝わります。具体的に分かりやすく伝えることで、期待する行動につながりやすくなります。これは新人教育にも有効です。

次の事例から、あいまいな言葉での指示について考えてみましょう。

事例4 入浴前に着替えを忘れたBさんは何もしなくてもいいと思っていました。入浴が終わって利用者さんを連れてきた先輩は、怒って大きな声で「ちゃっちゃと持ってきて！」と言いました。Bさんは「ちゃっちゃと」という言葉が分かりませんでした。

解決編　どうしたらいいでしょう？

Q1 Bさんの行動についてどう思いますか？

この場合、あいまいな「ちゃっちゃと」という言葉はBさんには通じません。言われた言葉の意味をその場で質問することも苦手です。すぐに着替えが必要であることの空気も読み取ることが苦手です。いきなり怒られて混乱してしまいました。

Q2 リーダーのあなたならどうしますか？

しかし、先ほどの場面同様、的確な指示があればできます。いきなり大きな声で指示するのではなく、「利用者さんの着替えをすぐにここに持ってきてください」と言えば理解できるのです。

解説

Bさんの「課題の要因の把握と目指すべき行動の確認」のために、会話において相手の意図を適切に理解することのメリットや相手の意図を理解せずに返事をした場合、相手がどんな気持ちでどう感じるかについて説明し、その意味や重要性について理解を深めていきます。言葉の意味をできるだけ理解し、確認のために質問するなどの適切な対応を取ることができることを目標にします。周りにはBさんの特性を知ってもらい、抽象的な表現を避け、具体的に伝わる指示や説明をする配慮をしてもらうよう伝えます。

④ 集中することが苦手

　誰でも疲労がたまっていたり睡眠不足が重なると、集中力が落ちます。しかし、日常的に集中することが苦手な人もいます。

★こんな人いませんか？ チェック★

- ☐ 同じ作業の繰り返しを長時間すると能率、精度ともに急激に低下する。
- ☐ 慣れてくると気分や行動にムラが目立ち、ミスが増加する。
- ☐ よそ見、あくびが頻発する。

次の事例から、作業に集中することについて考えてみましょう。

事例5　入浴後、ドライヤーで利用者さんの頭髪を乾かそうとBさんはドライヤーを使いました。うっかり屋のBさんはよそ見をしながらドライヤーをかけていたため、利用者さんが「熱い！！」と大声を出しました。それから、ドライヤーの作業が苦手となってしまいました。

解決編　どうしたらいいでしょう？

Q1 ここでは何が問題でしょう？

　Bさんはドライヤーを操作することはできますが、集中して注意をしないと利用者さんに熱風が当たってしまうことを十分理解していません。

　ドライヤーの温風によるやけどの注意について理解し、利用者さんの髪をなでながら、自分の手にも温風を当てるという基本的な練習をします。実際に指示内容を視覚的に見せることが有効です。

解説

　誰もが出来る作業でも、集中することが苦手な人の場合は練習が必要です。集中することが苦手な人は集中が途切れてくると、注意の転導が起き、周りが気になったり、よそ見、あくびが出て来ることがあります。あくびしているところを見かけたら、声をかけて集中を促すことも有効でしょう。「周囲の理解促進と環境知性」としても集中することが苦手であるＢさんの特性の理解を求めることが必要です。

第3部

自己理解篇
Self-understanding

自己理解

精神面の課題

① 自己理解や精神面の課題

職場にいる職員で、こちらの説明していることを取り違えたり、違う解釈をしたりして失敗してしまったり、仕事の手順を順を追って説明はできるのに、実際に仕事をすると手順が違っていたり、それでも自分は仕事ができると思い込んでいる人はいませんか?また、自分が思っているように仕事ができないと落ち込んだり、失敗すると疲労困憊してしまう人がいたら、その人は、自己理解やストレスコントロール面に著しく課題があると推測されます。

★こんな人いませんか？ チェック★

☐ 高学歴だが、その場に合わせた仕事ができない。
☐ 「分からないときには質問してね」と言っておいても自分なりの方法で仕事を行い、失敗する。
☐ 仕事のでき具合と、自分の仕事に対する評価のギャップに気づくと、個室に引きこもるなど職場での問題行動を起こす。

では、このような新人が職場にいた場合、リーダーとしてのあなたはどのようにしたらよいでしょうか。

極端に礼儀正しく丁寧だが、仕事が覚えられず、独り立ちできないGさん

事例1 4年制福祉系大学卒で、社会福祉士の資格を取得しているGさんは、福祉施設就職面接では相談業務に就きたいという希望でしたが、相談業務に就く前にこの施設では、介護の経験が必要ということで、初任者研修を受けて、特別養護老人ホームの介護職として働くことになりました。極端に礼儀正しく丁寧ですが、仕事が覚えられず、一人立ちできない状態でした。職員間でもゆっくり丁寧に対応しようと申し合わせ、対応してきました。しかし、分からないことがあると固まってしまいます。また、報告・連絡・相談ができません。ケアレスミスをしたら「報告してね」と指導すると「はい」と言いますが、本当に理解ができていないようです。こんなことがありました。

通常、3か月間は仕事に慣れるために、先輩に教えられながら先輩と一緒に日常業務にはいります。Gさんは、先輩の説明しながら業務をこなしていく姿に圧倒されたのかもしれま

せんが、スピードになかなかついて行けません。さらに、特別養護老人ホーム勤務のローテーションでは、毎回パートナーが違います。スピードが追いつかないだけではなく、説明の仕方もパートナーによって違いがあり、昨日の説明と違うことがあります。昨日は「やらなくていい」と言われたことを、今日は「やるように」と言われると、ますますどうしたらいいか迷って遅くなります。とうとうある先輩から、「『分からないときには質問してね』と、何回言ったら分かるの。」と叱られてしまい、その場所から動けなくなってしまいました。

解決編　どうしたらいいでしょう？

Q1　この事例では何が問題なのでしょうか？

　Gさんは丁寧に一生懸命に先輩の言うとおり、指示するとおりにしようとしていますが、なかなか先輩や他の職員の作業するスピードについていけないことと、できなくなったり、分からなくなったときに先輩に聞くことができないことが問題です。

Q2　固まってしまったGさんはどういう気持ちだったのでしょうか？

　新人は誰でもそういう時期がありますが、人知れず練習したり、コツを見てまねしてスピードをつけたり、正確に・利用者の安全を考えた技術を身につけていきます。GさんもGさんなりに努力はしていたものの、他の人と同じようにできないと思い（自己評価の低さ）混乱してしまったものと思われます。

Q3　「何回言ったら分かるの」と言った先輩はどう感じているでしょうか？

　「何回言ったら分かるの」と言うときは、イライラしているときです。それは「Gさんがいつまでたっても一人前にならないから」という理由かもしれません。あるいは、そのイライラは先輩の個人的なことが原因だったかもしれません。それを単にぶつけただけかもしれませんが、Gさんに仕事をきちんと覚えてもらうためには、もう少し違った言い方を用意していなければならなかったと思います。

Q4　この問題を解決するためには、リーダーのあなたなら　どのようにしますか？

　一昔前の先輩後輩の関係であれば、面倒をよく見たり、叱ったり、圧力をかけたりしたかもしれません。しかし、リーダーとしてはそう言ってばかりもいられません。独り立ちして利用者さんとの関係だけではなく、他の職員や利用者さんの家族などからも信頼を得ていく

職員になってもらうには、Gさんの特性を理解して、そのうえで、科学的で合理的な伝え方やGさんのように自分のストレスを自覚しない職員のストレスマネジメント（コントロール）を一緒にしたいものです。

　Gさんのような自己理解や精神面に課題を持っている職員の理解や支援方法については、下記の解説で詳しく述べましょう。

解説

　自己評価が適切でない、他者の指摘に適切に対応できない、ストレスに適切に対処できない　などで、適切な就業態度がとれないことがあります。こういった課題に対する支援は①課題の要因の把握と目指すべき行動の確認　②目指すべき行動につながる支援　③周囲の理解促進と環境調整　が必要となります。

　さらに、必要に応じて【課題への対応方法の確認（対応の確認）】、【指示方法の工夫（指示の工夫）】、【体験的な課題理解・目指すべき行動の確認（体験的理解）】を選択して実施するとともに、目指すべき行動の達成状況を確認するための【振り返りとフィードバック（振り返り）】が必要です。

　Gさんのような自己理解や精神面で課題がある場合、次の3項目18小分類の中から、Gさんの課題を特定していきます。特定された課題に応じた支援方法があるのです。

課題の分類

（１）　自己理解や働くことの意味が理解できていない、就業態度が適切でない。

① 障害を受け入れられない

② 自己評価と現実の乖離が大きい

③ 働くことの意味が理解できていない

④ 適切な求職活動ができない

⑤ 指示通りの仕事をしない

⑥ 仕事への意欲が保てない

⑦ 態度が適切ではない。

（２）　自己評価の低さや不安がある、他者の指摘に適切に対応できない。

① 自己評価が低い

② 失敗から受ける影響が大きい

③ 対人関係面での強い不安がある

④ 仕事面での不安がある

⑤ 指摘を素直に受けいれない

⑥ 指摘に対して言い訳や正当化する

⑦ 指摘されると固まる

⑧ 指摘に対して攻撃的な態度をとる

（３）　ストレスコントロールができない。

① ストレスに対する特異な反応がある

② ストレスにより体調不良が生じる

③ ストレスにより就労困難となる

さて、Ｇさんの場合では上記の分類のどれに当てはまったでしょうか。

（１）自己理解面では①、②、⑤、⑥、⑦でしょうか。

（２）自己評価の低さでは②，③、④、⑤、⑦が当てはまりそうです。

（３）ストレスコントロールでは、今のところ①が当てはまりますが、やがて②が生じ、やがて１年あまり後には③を生じてしまいます。

適切な支援や指導につなげるためには、Ｇさんの課題を明確にして行くことが大切です。課題をもっと明確にしていくためには、「職業評価」を実施する必要がありますが、現実的には「職場の理解」というなかで、環境調整や支援方法の工夫をしていくことになります。それでは、目指すべき行動につながる支援とはどういうものなのでしょうか。

　ここでは、Ｇさんの事例を通して、それらの課題に対しての具体的な支援方法を考えていきたいと思います。

課題への対応方法の確認

　Ｇさんの業務の洗い出しをします。その中で特にＧさんがつまずいている仕事、比較的容易にこなせる仕事を分類します。比較的容易にこなせている仕事を繰り返し行うことで、できる自信をつけます。つまずいている仕事については、仕事の流れを細かく分類して部分部分でできるようにくり返しします。

指示方法の工夫

　Ｇさんの業務の中で細かい部分部分に分類して繰り返し練習する際に、その時間は何をするかをタイムスケジュールに記載して掲示するなどします。そのことで、今ここで何をするか確認できるようにします。Ｇさんは自分で分からなくなったときにそのタイムスケジュールを確認することができますし、指示する側も、そのタイムスケジュールに沿ってそれを見ながら指示するとＧさんの理解が得られます。

目指すべき行動を支援するツール等の導入

　タイムスケジュールだけではなく、１日の目標、１週間の目標、１か月の目標を掲示します。視覚的に把握できるツールを用います。

体験的な課題理解・目指すべき行動の確認

　初めて指示する業務は、丁寧な説明と実際的な動作をして見せます。なかなか覚えられないときには、さらに仕事や作業の細分化をして部分部分で細かい動作の体験的習得をしてもらいます。

振り返り・フィードバック

　タイムスケジュール、１日の目標、１週間の目標、１か月の目標にあわせて振り返る機会を持ちます。

就職して、1年経つと後輩が新人として入ってきます。後輩の指導が上手くにできないなど悩んでいる様子があったり、突然身体的不調を訴える時、ストレスマネジメント（コントロール）を知っている必要があります。

★こんな人いませんか？ チェック★

- ☐ 仕事の優先順位が分からない。
- ☐ 相手（利用者さん）の状態を察することができない。
- ☐ 相手（利用者さん）の状態に合わせた介護が苦手。
- ☐ ストレスに弱い。
- ☐ ストレスを感じたり、疲れたときのサインがわからない。
- ☐ ストレスをためないための対処方法がわからない。

後輩ができて、上手く指導できない自分に苦しむGさん

事例2　2年目に入り新人職員が就職して、Gさんは先輩と呼ばれるようになりました。職場の理解を得て、毎日の通常業務をやっとこなせるようになったGさんですが、自分が後輩に仕事を教えるとなると、上手くいかなくなってきました。

物品の置いてある位置や、簡単な作業については教えることができますが、余分なおしゃべりをしてしまいます。そのことについて、先輩から注意をたびたび受けます。また後輩に教えると言うより、Gさんが目に付いたこと、興味を持ったことを優先して後輩に話すので、先輩からよく「順序よく仕事の手順を教えてあげて」と言われます。

ある日、「利用者さんの特徴に応じた支援を後輩に教えて」と先輩に言われました。それを聞いていた後輩が、「G先輩は、不安の強い利用者さんへ強い言い方をして、Y先輩に注意されていましたよね」と言いました。職員に注意されたときはなんでだろうと感じて、注意されたことは忘れていたGさんですが、後輩のこの一言で思いだし、非難されたと思い心に傷がつき、がっかりしました。

Gさんは、だんだん後輩が自分の言うことを聞いてくれないように感じてきました。そのようなこと

突発性難聴を発症したGさん

があったある日、耳の聞こえが悪いように感じ耳鼻科で診察してもらうと、「突発性難聴」と診断されました。原因はストレスから来るものと医者からは言われました。

解決編　どうしたらいいでしょう？

Q1　この事例では何が問題なのでしょうか？

ここでの問題は、Gさんの以下のような傾向に問題があります。

① 仕事場では仕事を優先させる。そのために必要な説明なのか、無駄なおしゃべりなのかGさんには区別がつかない（つまり、優先順位をつけることが苦手）。

② また、仕事のどこにつまづいているのかGさん自身、気が付いていない。

③ むしろ、自分は仕事ができていると思っていた。

④ 後輩からできていなかったことを指摘されて、初めて気が付き、ひどく落ち込んでしまった。

⑤ ストレスがたまり、疲れがあっても自覚できず、上手くコントロールできなかった。

Q2　先輩からたびたび注意を受けたGさんはどういう気持ちだったでしょうか？

先輩からたびたび注意を受けたときGさんは、自分の興味のあることや、目の前の出来事を優先してしまう傾向を理解していないとしたら、なぜ先輩から注意を受けるのか？と疑問に思っていたと思われます。

第2に、自分は目の前のことに引きずられやすいということに気付いていても、どのように解決したら良いかが分からなかったために、注意を受けるたびに困惑していたと思われます。

第3に自分が目の前のことを優先してしまう傾向があると知っていたら、注意された時点で、「またやってしまった」と分かり、先輩の言ってくれたことを理解することができます。

あなたがリーダーであれば、Gさんの特性を理解した上で、Gさんにそのような傾向があることを納得してもらう工夫が必要です。リーダーが、何でも話を聴いてくれるという信頼ができていれば納得してくれます。

Q3　突発性難聴を発症したGさんはどんなストレスをためていたのでしょうか？

自分は後輩に指摘されてしまったという屈辱感や、できない自分を認められない。そんなはずはないという葛藤。また、自信喪失。時には、仕事や人間関係に対する恐怖感などが考えられますが、自分のストレスをどのように解消したらよいかということまで考えが及ばなかったため、身体にそのストレスが蓄積されてしまったと考えられます。

Q4 この問題を解決するために、リーダーのあなたならどのようにしますか？

前出のAさん（P40参照）の事例のように、自分で作業することについては仕事手順書などを使ってできるようになったという自信が必要です。リーダーとしては、定期的に振り返りの作業をGさんと行い、短期に達成可能な目標を話し合って設定していくことが大切です。

また、Gさん自身が《どんなときに、ストレスを感じたり、疲れやすいのか》を知ることが必要です。そして《ストレスを感じたり、疲れたときの、心や体のサイン》を知ることが大切です。さらに、《ストレスや疲れをためないための対処方法》を一緒に考えたり工夫したりすることが必要です。

その為に、リーダーのあなたは、MSFAS等のストレスや疲労との上手なつきあい方を考えるためのシートを活用すると良いでしょう。これは障害者向けに開発されたものですが、大いに利用できます。［参考文献参照 2-4)］

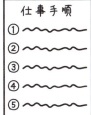

解説

MSFASとはMakuhari Stress and Fatigue Assessment Sheetの略です。通常M-ストレス・疲労アセスメントシートと言います。

シートの構成は《利用者（Gさんのような職員）用シート》と《支援者用（相談用）シート》で構成されています。

シート活用に当たっては、必ず、①支援者（専門家・リーダー）とよく相談しながら、利用者が活用します。②個人によって、ストレスや疲労の原因、その感じ方が異なりますので、自分の言葉で、自分自身の状態をシートに記入します。

本著の参考にした発達障害者等に関する参考文献の概要紹介

1 大人の発達障害者の特性とその理解に係る参考文献

1）本の種出版、高山恵子・平田信也著「ありのままの自分で人生を変える──挫折を生かす心理学」2014

　　本の著者である、高山恵子氏は社会人になってからアメリカの大学院で学び、ADHD と LD があることを知りました。そして、それまで苦しんでいた理由を脳科学的に理解でき、ほっとしたといいます。その経験から「ありのままの自分を受け入れることができたとき、あなたもまわりの人もきっと幸せになれる」。そのために必要な脳科学的知識に基づいたチェックリストなどを多用して、ADHD あるいは LD の人やその傾向にある人がありのままに自分を受け入れ本当の幸せを探す手伝いになる一冊として表装しました。

2）彩図社、権田真吾著「ぼくはアスペルガー症候群」2014

　　この本の著者もアスペルガー症候群の本人です。あなたの職場にもいるかもしれない（空気が読めない、冗談が通じない、人の話が聞けない、同じミスを繰り返す、他人との距離感がつかめないなどの）「ちょっと変わったヤツ」。自閉症の中でも知的発達の遅れがないので見過ごされてしまいがちですが、当事者の著者が楽しい話も苦しい話も交えてつづっています。アスペルガー症候群に対する誤解や偏見を解くきっかけになりそうです。

3）講談社、佐々木正美・梅永雄二著「アスペルガー症候群　就労支援編」2009

　　アスペルガー症候群の特性が生かせる仕事とか、支援現場や当事者からの実践的なアドバイスが、大きな字やイラストや写真を交えて紹介されています。「本の表紙には就職活動から就職後までを実践的なアイデアと豊富な実例で紹介。すぐに役立つ、アスペルガー症候群の人への就職支援完全ガイド」と書かれて、紹介されていました。

4）三学出版、春日井敏行・櫻谷眞理子・竹中哲夫・藤本文朗編「ひきこもる子ども・若者の思いと支援──自分を生きるために」2016

　　ひきこもる人の思いは多様でとらえがたいという印象さえありますが、不登校ひきこもり体験者の一人一人の思いに耳を傾けて、その人たちの歩んできた道筋をたどると、自分らしく生きたい、でもそれが思うように実現しないという葛藤がひしひしと感じられる。と筆者の一人は解説しています。しかし、何らかの転機が訪れ、人とつながり、他の若者たちと社会的な場を共有することがある。そこには様々な若者支援の現場の取り組みがあり、支援者の心が豊かになるという成長も見られた。といいます。不登校・ひきこもりの若者に付き添い聞き取りをし、支援の方法を考える。それを支援者・研究者として若者支援の政策動向や、社会的・歴史的背景なども網羅されて、支援の在り方を検討しているものです。

5）三輪書店、中島恵子著「理解できる高次脳機能障害」2009

　　神経心理学、リハビリテーション心理学を専攻した著者が、心理判定員や病院心理士を職業とする中で出会った高次脳機能障害人たちへの理解を深めたいという思いからあらわされた一冊です。高次脳機能障害について、事例別に障害の特徴などをわかりやすく、大きな字で、またイラストレーションが豊富で、図示されることにより理解が深まることがわかります。

6）大揚社、レスリー・ミルナー、アンジー・アッシュ、ピート・リッチー著、中野敏子訳者代表「知的障害をもつ人のサービス支援をよくするハンドブック」1999

　　本書は明治学院大学から研究助成を受けた「知的障碍者のセルフアドボカシーに関する研究」の成果の一部であるといいます。翻訳者は「セルフアドボカシー研究会」のメンバーです。「セルフアドボカシー研究会」は、本著が刊行される 5 年ほど前から研究活動をしてきたとありました。はじめは、日本で目覚ましい勢いで広がりつつある「本人活動」をどのように考えていくのか、どのように支援していくのかということがテーマだったということです。そのために英国の障害者アドボカシー・グループのテキストやその他のテキストの翻訳を手掛けていたのですが、その中の一冊がこの『Quality Action』であったそうです。「本人の意見」に耳を傾けることの意義や「本人参加」は具体的にどのような展開をしていくのか、サービスシステムの全体の中でどのような位置づけになるのかなどについて本書は一つの示唆を与えてくれたということです。この本に書かれている方法は、英国ブリストル大学にあるノラ・フライ研究所で開発されたもので、内容は、「サービスをよくする活動（Quality Action）」についての具体的なガイドラインを示したうえで、サービス利用者の視点に立ち、サービスの質を考え、改善していく具体的な方法について書かれています。自分の人生全体を自己管理していく力をつけていくなどのセルフ・アドボカシー活動でもあり

エンパワメントでもあると解説されています。

2 発達障害者等の就労支援に係る参考文献

1）独立行政法人高齢・障害・求職者雇用支援機構「発達障害者就労支援レファレンスブック（課題と対応例）」2015

発達障害者は、その行動の特性から、職業生活において様々な困難を抱えていることが多くあります。本書は、発達障害者の就労支援に携わる支援者の方々向けに、発達障害者の様々な職業生活上の課題に対して、支援者が取ることのできる対応策を示しています。

ひとくちに発達障害と言っても、個々の発達障害者によって特性の現れ方は多様であるため、個々人に合った支援が必要となります。また、医療機関で発達障害の診断を受けている場合でも、複数の診断名が重複していることも多く、同じ診断名であっても特性の現れ方が異なることも多くあります。本書では、就労支援の場面で現れる発達障害者の職業生活上の課題に注目し、それぞれの課題に対して支援者が取ることのできる複数の支援策を示すことで、支援の参考として活用していただけるようにまとめています。

なお、本書に掲載しているような職業生活上の課題を抱えているからといって、直ちに発達障害の可能性があると判断できるものではないことにも留意する必要があります。

また、本書は、主に障害者就業・生活支援センターや発達障害者支援センターなど、発達障害者の就労支援機関で支援に携わる支援者の方々に活用いただくことを想定してまとめています。加えて、発達障害者を雇用している企業において、日常的に発達障害者の支援をする立場にある上司・同僚の方々にも、参考として活用できると思われます。

本書は、『導入編』『Index 集、解説集』『内容編』『資料編』からなり、導入編では、支援を実施する際の考え方や本書の活用にあたっての留意点、内容編の構成の解説などを記載しています。Index 集、解説集では、実際に就労支援の場面で現れている課題に応じて検索ができるよう、職業生活上の課題一覧を掲載しており、内容編で支援の実例に付している支援のキーワード一覧とその解説を掲載し、内容編の中で各支援のキーワードが掲載されている箇所を検索できるキーワード索引を併せて掲載しています。内容編では、発達障害者の職業生活上の課題に対して、支援者が取ることのできる支援策を具体的に記載しています。

2）独立行政法人高齢・障害・求職者雇用支援機構「障害者雇用マニュアル 発達障害者と働く」2012

発達障害の特性やわかりやすい作業指示の出し方、コミュニケーション上の留意事項等のノウハウについて読みやすく、理解しやすいコミック形式で事例を紹介したマニュアルです。

本マニュアルにおいては、求職活動から採用、職場定着にいたるまでを取り上げるとともに、実際の職場における作業面やコミュニケーション面などの課題を取り上げ、効果的なサポートのあり方について解説しています。

3）独立行政法人高齢・障害・求職者雇用支援機構「職業リハビリテーションのためのワーク・チャレンジ・プログラム（試案）」2008 年

本書は、職場の基本的なルールに関する知識の獲得並びに行動化における課題の把握を目的に作成されました。プログラムは、職場の基本的なルールを明示的に示した「規則」、プログラム対象者の場面理解の背景にある考え方などについて検討するための「ワークシート」、学習された知識の行動化を確認するための「作業遂行場面」等によって構成されています。本教材集では、プログラムで実際に用いた規則、ワークシート、作業指示書に加え、プログラム実施上の留意点についてまとめています。

なお、このプログラムは、知的障害を伴わない発達障害並びに軽度知的障害を伴う発達障害者を対象としたものとなっています。

4）独立行政法人高齢・障害・求職者雇用支援機構「幕張ストレス・疲労アセスメントシート MSFAS の活用のために」2010 年

本冊子は、就職、職場適応、復職の各支援段階における幕張ストレス・疲労アセスメントシート（以下「MSFAS」という。）の多様な活用可能性を紹介しています。発達障害者、うつ病休職者を含む精神障害者により活用しやすくなるようにシートの改訂を行い、MSFAS 第 3 版として公開しました。8 例の活用事例を通して、効果的な支援に繋げる為の MSFAS の活かし方を紹介した他、MSFAS 第 3 版の効果や留意事項等にも触れています。

5）発達凸凹サポート共同企業体「発達凸凹活用マニュアル 2」2014 NPO 法人 DDAC（発達障害をもつ大人の会）

本書は、一般の企業における発達障がいの特性への理解を広げる為、仕事をしている発達障がい（凸凹）の当事者 100 人を集めた「発達凸凹 100 人会議」で得た、当事者たちからの実例や意見を基に作成された小冊子です（ダウンロード可能 http://consul.piasapo.com/manual）。「スケジュール・時間の管理」から「雑談・飲み会」まで 13 の苦手凸凹のタイプ別に「トラブル」と「発達凸凹当事者の工夫・改善」が対比して示されています。当事者自身による工夫には、目から鱗の具体例が満載です。それぞれの苦手には「職場へのアドバイス」が設けてあり、周囲の対応も学ぶことができます。

6）ジアース教育新社「知的障害や自閉症の人たちのための「見てわかる ビジネスマナー集」2016 年

本書は「就労を継続させていく支援として、社会人としての基本的なビジネスマナーを身につけるための、知的障害や自閉症の子どもたちへのわかりやすいマニュアルを」という趣旨で作成されました。第 1 章ビジネスマナー集では、リクルート時のマナーに始まり、職場における基本的なマナー、ワンステップ上のマナーまで、見開きで 32 項目が挙げられています。

読者に配慮して、「正しい行動」「これはマナー違反です」「こんなとき相手はどう感じてしまうでしょう」「チェックポイント」という4パターンの構成になっています。またイラストや吹き出しを駆使して、端的でわかりやすい内容になっています。第2章では、支援者を対象として、知的障害や自閉症の人達にビジネスマナーを身につけてもらうための方法や、想定外の事態が起こったときの対応について記されています。

7）ジアース教育新社「知的障害・発達障害の人たちのための まんが版 ビジネスマナー集　鉄太就職物語」2015年

　本書は、「見てわかるビジネスマナー集」（ジアース教育新社）を原点として制作されたマンガ版のビジネスマナー集です。主人公の鈴木鉄太の職場でのエピソードが、失敗、周りの人達の支え、そこから学んだことによって描かれています。当事者向けの本ですが、シチュエーションごとに「ワンポイントセミナー」が設けられており、指導者にも支援方法の解説書としてお勧めします。作・画家、企画・執筆者が当事者と身近に接している為かストーリーも絵も明るく温かく、この種の本にありがちな理屈っぽいところがありません。当事者への理解推進のためにも役立つ一冊です。

8）厚生労働省「発達障害のある人の雇用管理マニュアル」2006

　発達障害者支援法の成立（平成17年4月1日施行）等を背景として、発達障害者の自立及び社会参加の促進を目的とした企業就労に向けた意識が高まっています。しかし、障害のわかりにくさや支援体制の不備等から、障害に関する知識や就業に当たっての配慮事項等に関するノウハウが一般の事業主には行き渡っていない状況にあることから、発達障害者の特性を踏まえた雇用管理、職場環境の整備の方法等について調査・検討を行い、発達障害者の雇用促進に資する企業向けマニュアル「発達障害のある人の雇用管理マニュアル」を開発しました。

　本マニュアルは、企業等における発達障害者の障害特性の理解、支援体制の整備等に役立ち、その雇用管理のために広く活用されるよう、行政機関、支援機関、各関係団体等に配布されています。

9）厚生労働省「雇用動向調査」

　昭和39年から雇用労働力の流動状況を明らかにするため、上半期（1月～6月）、下半期（7月～12月）に分けて年2回実施している調査。

　わが国における労働力需要の実態を明らかにするために昭和44年から実施していた「求人等実態調査」を、昭和50年から「雇用動向調査附帯調査」として「雇用動向調査」と併せて実施してきたが、平成11年から「雇用動向調査」に統合しました。

10）植草学園短期大学紀要「介護分野における知的・発達障害者等への教育プログラムの開発に関する調査研究（その1）（その2）」2014・2015

　高等教育分野において、学習やコミュニケーションに困難のある学生が増えているが、その特性に即した教育方法は未確立であることから、教育プログラムの開発を目的とした研究に取り組むこととしました。初年度の研究として知的障害者等の介護分野における就労先進的好事例の聞き取り調査、就労実態のアンケート調査を行い、知的障害を伴わない発達障害者が多数就労している実態が把握できました。2年目は実際に就労している現場、支援している専門機関等に聞取り調査を行った結果、就労の現場ではコミュニケーション、対人関係の構築のための技術が必要とされていることが明らかになっています。

11）植草学園短期大学紀要「福祉分野における人材育成に関する産業界ニーズ調査研究」2014

　平成25年2月に関係団体の協力を得て実施した専門力・実践力・人間力に関する葉書アンケート及びヒアリング調査を参考として、平成26年2月本学2年生を対象とした職業能力評価アンケート調査を実施しました。この学生達が卒業後の平成26年6月に同じアンケートを実施しています。その結果、コミュニケーション力、ストレスコントロール力、専門力に不安を感じている者に対するフォローアップを行い、職場定着支援を行いました。

12）植草学園短期大学紀要「福祉分野におけるキャリア形成支援ツール開発に関する研究 その1」 2016

　昨今の大学・短大等においてはコミュニケーションに困難のある学生が増えていますが、その特性に即した教育方法は未確立です。平成25～26年度にかけて知的障害者等の介護分野に係る聞き取り調査、就労実態のアンケート調査を行った結果、知的障害を伴わない発達障害者が多数就労しており、就労の現場ではコミュニケーション、対人関係の構築のための技術が必要とされていることが明らかになりました。このため、福祉分野において必要とされるコミュニケーション力を養成するためのキャリア形成支援ツールとして、ビデオ教材を試行開発するとともに、コミュニケーション・対人関係の課題に関するアンケート調査を実施しました。

13）公益財団法人 介護労働安定センター「介護労働実態調査」2014

　介護事業所における介護労働の実態及び介護労働者の就業の実態等を把握し明らかにすることによって、介護労働者の働く環境の改善と、より質の高い介護サービス提供の基礎資料とすることを目的とし実施している調査。

　調査は「事業所における介護労働実態調査」と「介護労働者の就業実態と就業意識調査」からなり、「事業所における介護労働実態調査」は介護事業所を対象に「介護事業所で働く労働者の雇用管理の状況、賃金制度・賃金管理の状況、福利厚生の状況及び賃金の状況」について、「介護労働者の就業実態と就業意識調査」は介護労働者を対象に「就労の状況、労働条件の状況及び就業意識の状況」について、アンケート調査を実施しています。

◎ユニバーサル就労について

1）社会福祉法人 生活クラブ「平成25年 セーフティネット支援対策事業費補助金　社会福祉推進事業　中間的就労におけるステップアップ事例調査研究報告書」2014

　　平成25年度に制定され、平成27年度に施行された生活困窮者自立支援法において、就労支援事業である「中間的就労」は重要な役割を果たすと予想される中で、平成19年から取り組みが開始された、社会福祉法人生活クラブ風の村の「ユニバーサル就労」は多様な就労困難者を対象にした中間的就労の先駆的な事例とされています。本報告書はユニバーサル就労の中でステップアップの要因を検討することを目的に実施された調査結果をまとめたものです。

2）千葉県社会福祉法人経営者協議会「社会福祉法人に期待される中間的就労の実践に向けて　手引書」全国社会福祉法人協議会モデル事業　2013

　　平成25年に制定された「生活困窮者自立支援法」の事業の中で、社会福祉法人の役割に対する期待が大きい「中間的就労」の実践に向けて、平成25年度に、既に実施している県内の会員法人を構成員として、その具体的な手順を示した「手引書」を、全国社会福祉法人経営者協議会のモデル事業として行い、モデル事業の実施をもってして作成したものである。平成26年度には、本手引書を活用して、法人内に配置を必要とする「就労支援担当者」の養成研修を予定しています。（そのための手順書です）

発達障害等の方への就労支援のご案内
（厚生労働省HPより）

★『すぐにでも就職したい』『具体的な就職先を紹介して欲しい』方
1　ハローワーク（公共職業安定所）における職業相談・職業紹介

　個々の障害特性に応じたきめ細かな職業相談を実施するとともに、福祉・教育等関係機関と連携した「チーム支援」による就職の準備段階から職場定着までの一貫した支援を実施しています。

2　障害者トライアル雇用奨励金

　事業主に障害者雇用のきっかけを提供するとともに、障害者に実践的な能力を取得させ、常用雇用へ移行するための短期間の試行雇用を実施して、障害者雇用を推進しています。

★『じっくり相談にのってほしい』『少しずつ就職に向けた準備を進めていきたい』方
1　若年コミュニケーション能力要支援者就職プログラム

　ハローワークにおいて、発達障害等の要因によりコミュニケーション能力に困難を抱えている求職者について、その希望や特性に応じて、専門支援機関である地域障害者職業センターや発達障害者支援センター等に誘導するとともに、障害者向けの専門支援を希望しない者については、きめ細かな個別相談、支援を実施しています。

若年コミュニケーション能力要支援者就職プログラム

発達障害等、コミュニケーション能力に困難を抱える者に対して個別支援を行うとともに、障害者向け専門支援を希望する者に対しては、専門支援機関等への誘導を行う等、コミュニケーション能力に困難を抱える要支援者向けの総合的な支援を行う事業を実施。

①若年者の就職支援を行う機関と障害者の就労支援機関の連携体制を構築。
②発達障害等、様々な要因によりコミュニケーション能力に困難を抱えている要支援者に対して、自らの特性と支援の必要性についての気づきを促し、適切な支援への誘導を行う。
③発達障害者に対する専門的支援の強化を図ること等により、要支援者のニーズに応じた適切な相談・支援を実施し、要支援者の円滑な就職の促進を図る。

【就職支援ナビゲーター（発達障害者等支援分）による支援スキーム】

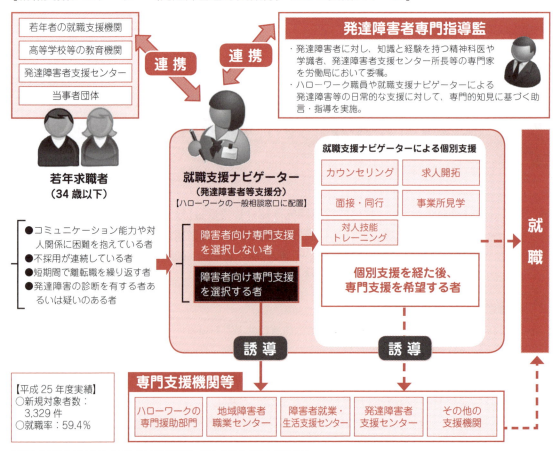

※平成25年度から全国47局で実施（平成24年度：39局）

発達障害者に対する体系的支援プログラム

　発達障害者の社会生活技能、作業遂行能力等の向上を目的とした「発達障害者就労支援カリキュラム」を含む職業準備支援（就職又は職場適応に必要な就業上の課題の把握とその改善を図るための支援）と「求職活動支援」、そして「関係機関との就労支援ネットワークの構築に向けた取り組み」を体系的に実施しています。

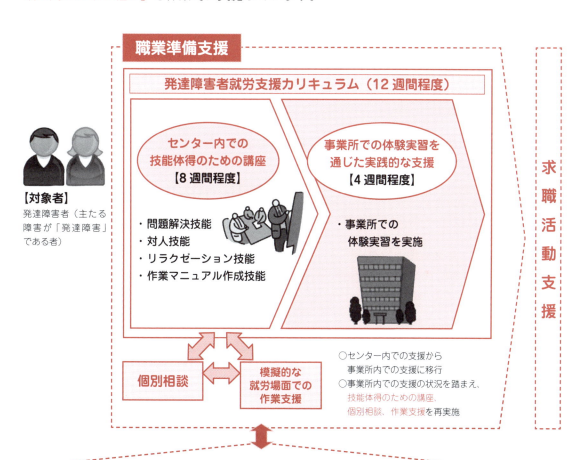

職業能力開発関係（厚生労働省HPより）

3　職業能力開発関係

(1) 一般の職業能力開発校における発達障害者を対象とした職業訓練
　一般の公共職業能力開発校において、発達障害者を対象とした訓練コースを設置し、その障害に配慮した職業訓練を実施しています。

(2) 障害者職業能力開発校における発達障害者対象訓練の実施
　障害者職業能力開発校において、発達障害者を対象とした専門的な職業訓練を実施しています。

(3) 障害の態様に応じた多様な委託訓練
　身近な地域で職業訓練が受講できるよう、居住する地域の企業、社会福祉法人、NPO法人、民間教育訓練機関等を活用した障害の態様に応じた多様な委託訓練を各都道府県において実施しています。

★『職場定着のための支援をしてほしい』『就職後も相談にのってほしい』方

1　ジョブコーチ支援

　障害者の職場適応を容易にするため、職場にジョブコーチを派遣し、きめ細かな人的支援を行っています。ジョブコーチ支援には、地域障害者職業センターに配置するジョブコーチによる支援のほか、就労支援ノウハウを有する社会福祉法人等や事業主が自らジョブコーチを配置し、ジョブコーチ助成金を活用して支援する場合があります。

2　障害者就業・生活支援センター

　雇用、保健、福祉、教育等の地域の関係機関ネットワークを形成し、障害者の身近な地域において就業面及び生活面における一体的な相談・支援を行っています。

21センター（14年5月事業開始時）→　328センター（28年4月現在）

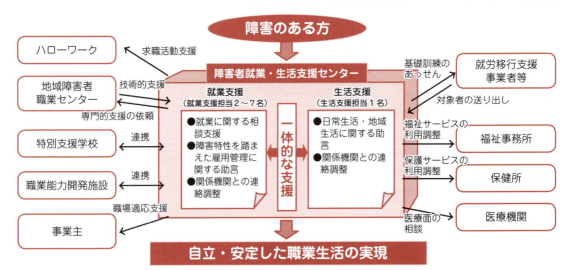

支援者・事業主の方への就労支援のご案内
（厚生労働省HPより）

1　助成金制度：発達障害者雇用開発助成金

　発達障害者を、ハローワークの職業紹介により常用労働者として雇い入れ、雇用管理に関する事項を把握・報告する事業主に対して助成を行っています。

2　意識啓発・セミナー

＜発達障害者の就労支援者育成事業＞

　発達障害者支援関係者等を対象として、全国8ブロックにおいて就労支援ノウハウの付与のための講習会及び体験交流会を実施しています。

　また、事業所において発達障害者を対象とした職場実習を実施することにより、雇用のきっかけ作りを行う体験型啓発周知事業を実施しています。

＜支援機関の紹介＞
1　ハローワーク（公共職業安定所）

　就職する希望を持つ全ての者に対する職業相談・職業紹介や職業訓練、雇用保険関係業務等を実施するとともに、求人事業主に対し求人関連業務（求人受理や求人開拓）等を実施するなど、総合的な雇用サービスを実施しています。

2　地域障害者職業センター

　全国の各都道府県に設置され、独立行政法人高齢・障害・求職者雇用支援機構が運営しています。障害者職業カウンセラーが配置され、障害者に対して、職業評価、職業指導、職業準備支援、ジョブコーチによる支援等の専門的な職業リハビリテーション、事業主に対する雇用管理に関する助言等を実施しています。

地域障害者職業センター

　地域障害者職業センターでは障害者に対する専門的な職業リハビリテーションサービス、事業主に対する障害者の雇用管理に関する相談・援助、地域の関係機関に対する助言・援助を実施しています。

北海道・東北

北海道障害者職業センター
〒 001-0024　北海道札幌市北区北二十四条西 5-1-1　札幌サンプラザ 5 階　TEL：011-747-8231　　FAX：011-747-8134

北海道障害者職業センター旭川支所
〒 070-0034　北海道旭川市四条通 8 丁目右 1 号　ツジビル 5 階　TEL：0166-26-8231　FAX：0166-26-8232

青森障害者職業センター
〒 030-0845　青森県青森市緑 2-17-2　TEL：017-774-7123　FAX：017-776-2610

岩手障害者職業センター
〒 020-0133　岩手県盛岡市青山 4-12-30　TEL：019-646-4117　FAX：019-646-6860

宮城障害者職業センター
〒 983-0836　宮城県仙台市宮城野区幸町 4-6-1　TEL：022-257-5601　FAX：022-257-5675

秋田障害者職業センター
〒 010-0944　秋田県秋田市川尻若葉町 4-48　TEL：018-864-3608　FAX：018-864-3609

山形障害者職業センター
〒 990-0021　山形県山形市小白川町 2-3-68　TEL：023-624-2102　FAX：023-624-2179

福島障害者職業センター
〒 960-8054　福島県福島市三河北町 7-14　福島職業能力開発促進センター内　TEL：024-526-1005　FAX：024-535-1000

関東

茨城障害者職業センター
〒 309-1703　茨城県笠間市鯉淵 6528-66　TEL：0296-77-7373　FAX：0296-77-4752

栃木障害者職業センター
〒 320-0865　栃木県宇都宮市睦町 3-8　TEL：028-637-3216　FAX：028-637-3190

群馬障害者職業センター
〒 379-2154　群馬県前橋市天川大島町 130-1　TEL：027-290-2540　FAX：027-290-2541

埼玉障害者職業センター
〒 338-0825　埼玉県さいたま市桜区下大久保 136-1　TEL：048-854-3222　FAX：048-854-3260

千葉障害者職業センター
〒 261-0001　千葉県千葉市美浜区幸町 1-1-3　TEL：043-204-2080　FAX：043-204-2083

東京障害者職業センター
〒 110-0015　東京都台東区東上野 4-27-3　上野トーセイビル 3 階　TEL：03-6673-3938　FAX：03-6673-3948

東京障害者職業センター多摩支所

〒190-0012　東京都立川市曙町 2-38-5　立川ビジネスセンタービル 5 階　TEL：042-529-3341　FAX：042-529-3356

神奈川障害者職業センター

〒252-0315　神奈川県相模原市南区桜台 13-1　TEL：042-745-3131　FAX：042-742-5789

中部

新潟障害者職業センター

〒950-0067　新潟県新潟市東区大山 2-13-1　TEL：025-271-0333　FAX：025-271-9522

富山障害者職業センター

〒930-0004　富山県富山市桜橋通り 1-18　北日本桜橋ビル 7 階　TEL：076-413-5515　FAX：076-413-5516

石川障害者職業センター

〒920-0856　石川県金沢市昭和町 16-1　ヴィサージュ 1 階　TEL：076-225-5011　FAX：076-225-5017

福井障害者職業センター

〒910-0026　福井県福井市光陽 2-3-32　TEL：0776-25-3685　FAX：0776-25-3694

山梨障害者職業センター

〒400-0864　山梨県甲府市湯田 2-17-14　TEL：055-232-7069　FAX：055-232-7077

長野障害者職業センター

〒380-0935　長野県長野市中御所 3-2-4　TEL：026-227-9774　FAX：026-224-7089

岐阜障害者職業センター

〒502-0933　岐阜県岐阜市日光町 6-30　TEL：058-231-1222　FAX：058-231-1049

静岡障害者職業センター

〒420-0851　静岡県静岡市葵区黒金町 59-6　大同生命静岡ビル 7 階　TEL：054-652-3322　FAX：054-652-3325

愛知障害者職業センター

〒453-0015　愛知県名古屋市中村区椿町 1-16　井門名古屋ビル 4 階　TEL：052-452-3541　FAX：052-452-6218

愛知障害者職業センター豊橋支所

〒440-0888　愛知県豊橋市駅前大通り 1-27　MUS 豊橋ビル 6 階　TEL：0532-56-3861　FAX：0532-56-3860

三重障害者職業センター

〒514-0002　三重県津市島崎町 327-1　TEL：059-224-4726　FAX：059-224-4707

関西

滋賀障害者職業センター

〒525-0027　滋賀県草津市野村 2-20-5　TEL：077-564-1641　FAX：077-564-1663

京都障害者職業センター

〒600-8235　京都府京都市下京区西洞院通塩小路下る東油小路町 803　TEL：075-341-2666　FAX：075-341-2678

大阪障害者職業センター

〒541-0056　大阪府大阪市中央区久太郎町 2-4-11　クラボウアネックスビル 4 階
TEL：06-6261-7005　FAX：06-6261-7066

大阪障害者職業センター南大阪支所

〒591-8025　大阪府堺市北区長曽根町 130-23　堺商工会議所 5 階　TEL：072-258-7137　FAX：072-258-7139

兵庫障害者職業センター

〒657-0833　兵庫県神戸市灘区大内通 5-2-2　TEL：078-881-6776　FAX：078-881-6596

奈良障害者職業センター
〒 630-8014　奈良県奈良市四条大路 4-2-4　TEL：0742-34-5335　FAX：0742-34-1899

和歌山障害者職業センター
〒 640-8323　和歌山県和歌山市太田 130-3　TEL：073-472-3233　FAX：073-474-3069

中国・四国

鳥取障害者職業センター
〒 680-0842　鳥取県鳥取市吉方 189　TEL：0857-22-0260　FAX：0857-26-1987

島根障害者職業センター
〒 690-0877　島根県松江市春日町 532　TEL：0852-21-0900　FAX：0852-21-1909

岡山障害者職業センター
〒 700-0821　岡山県岡山市北区中山下 1-8-45　NTT クレド岡山ビル 17 階　TEL：086-235-0830　FAX：086-235-0831

広島障害者職業センター
〒 732-0052　広島県広島市東区光町 2-15-55　TEL：082-263-7080　FAX：082-263-7319

山口障害者職業センター
〒 747-0803　山口県防府市岡村町 3-1　TEL：0835-21-0520　FAX：0835-21-0569

徳島障害者職業センター
〒 770-0823　徳島県徳島市出来島本町 1-5　TEL：088-611-8111　FAX：088-611-8220

香川障害者職業センター
〒 760-0055　香川県高松市観光通 2-5-20　TEL：087-861-6868　FAX：087-861-6880

愛媛障害者職業センター
〒 790-0808　愛媛県松山市若草町 7-2　TEL：089-921-1213　FAX：089-921-1214

高知障害者職業センター
〒 781-5102　高知県高知市大津甲 770-3　TEL：088-866-2111　FAX：088-866-0676

九州・沖縄

福岡障害者職業センター
〒 810-0042　福岡県福岡市中央区赤坂 1-6-19　ワークプラザ赤坂 5 階　TEL：092-752-5801　FAX：092-752-5751

福岡障害者職業センター北九州支所
〒 802-0066　福岡県北九州市小倉北区萩崎町 1-27　TEL：093-941-8521　FAX：093-941-8513

佐賀障害者職業センター
〒 840-0851　佐賀県佐賀市天祐 1-8-5　TEL：0952-24-8030　FAX：0952-24-8035

長崎障害者職業センター
〒 852-8104　長崎県長崎市茂里町 3-26　TEL：095-844-3431　FAX：095-848-1886

熊本障害者職業センター
〒 862-0971　熊本県熊本市中央区大江 6-1-38 4 階　TEL：096-371-8333　FAX：096-371-8806

大分障害者職業センター
〒 874-0905　大分県別府市上野口町 3088-170　TEL：0977-25-9035　FAX：0977-25-9042

宮崎障害者職業センター
〒 880-0014　宮崎県宮崎市鶴島 2-14-17　TEL：0985-26-5226　FAX：0985-25-6425

鹿児島障害者職業センター

〒890-0063　鹿児島県鹿児島市鴨池2-30-10　TEL：099-257-9240　FAX：099-257-9281

沖縄障害者職業センター

〒900-0006　沖縄県那覇市おもろまち1-3-25　沖縄職業総合庁舎5階　TEL：098-861-1254　FAX：098-861-1116

＜ジョブコーチ支援＞

　障害者が円滑に職場に適応することができるよう、ジョブコーチが事業所に出向き、職場内で様々な支援を行う制度があります。

　ジョブコーチは、障害者本人に対しては、「作業手順を覚える」「作業のミスを防ぐ」といった仕事に適応するための支援や「質問や報告を適切に行う」など円滑なコミュニケーションをとるための支援を行います。

　また、事業主や職場の従業員に対しては、「障害を理解し適切な配慮をするための助言」や「仕事内容や指導方法に対する助言などの支援を行います。

3　発達障害者支援センター

　発達障害者支援法に基づき、発達障害児・者の乳幼児期から学齢期、成人期に至るまで、年齢を問わずライフステージの各段階で生じる様々なニーズに応えられるよう、総合的かつ一貫的な支援を行うための地域の拠点として設置されています。就労支援についても、労働関係機関との連携協力の下、直接・間接に支援が行われています。

　ただし、人口規模、面積、交通アクセス、既存の地域資源の有無や自治体内の発達障害者支援体制の整備状況などによって、各センターの事業内容には地域性があります。

4　障害者就業・生活支援センター

　就職や職場への定着に当たって就業面における支援とあわせ、生活面における支援を必要とする障害者を対象として、身近な地域で、雇用、保健福祉、教育等の関係機関との連携の拠点として連絡調整等を積極的に行いながら、就業及びこれに伴う日常生活、社会生活上の相談・支援を一体的に行う施設で、都道府県知事が指定する一般社団法人若しくは一般財団法人、社会福祉法人、特定非営利活動（NPO）法人等が運営しています。

平成28年度障害者就業・生活支援センター 一覧 （計 330センター）

（平成28年12月1日現在）

都道府県	センター名	運営法人	センター郵便番号	センター所在地	センター電話番号
北海道	札幌障がい者就業・生活支援センター たすく	(社福)愛和福祉会 法人番号9430005000539	060-0807	札幌市北区北7条西1-1-18 丸増ビル301号室	011-728-2000
	小樽後志地域障がい者就業・生活支援センター ひろば	(社福)後志報恩会 法人番号1430005008234	047-0024	小樽市花園2-6-7 プラムビル3階	0134-26-6381
	道南しょうがい者就業・生活支援センター すてっぷ	(社福)侑愛会 法人番号2440005000354	041-0802	函館市石川町41-3	0138-34-7177
	くしろ・ねむろ障がい者就業・生活支援センター ぶれん	(社福)釧路のぞみ協会 法人番号8460005000355	085-0006	釧路市双葉町17-18	0154-65-6500
	十勝障害者就業・生活支援センター だいち	(社福)慧誠会 法人番号1460105000451	080-0016	帯広市西6条南6-3 ソネビル2階	0155-24-8989
	空知しょうがい者就業・生活支援センター ひびき	(社福)北海道光生会 法人番号0430005006673	072-0017	美唄市東6条南1-5-1	0126-66-1077
	オホーツク障害者就業・生活支援センター あおぞら	(社福)川東の里 法人番号6460305001261	090-0040	北見市大通西2-1 まちきた大通ビル5階	0157-69-0088
	上川中南部障害者就業・生活支援センター きたのまち	(社福)旭川旭親会 法人番号5450005000227	078-8391	旭川市宮前1条3丁目3番7号 おぴった1階	0166-38-1001
	胆振日高障がい者就業・生活支援センター すて～じ	(社福)北海道社会福祉事業団 法人番号3430005000676	052-0014	伊達市舟岡町334-9 あい・ぷらざ1階	0142-82-3930
	石狩障がい者就業・生活支援センター のいける	(社福)はるにれの里 法人番号2430005004678	061-3282	石狩市花畔2条1丁目9-1 北ガスプラザ石狩2階	0133-76-6767
	道北障害者就業・生活支援センター いきぬき	(社福)道北センター福祉会 法人番号4450005002389	096-0011	名寄市西1条南7丁目 角館商会ビル 3階	01654-2-6168
青森県	津軽障害者就業・生活支援センター	(社福)七峰会 法人番号5420005004362	036-1321	弘前市大字熊嶋字亀田184-1	0172-82-4524
	青森藤チャレンジド就業・生活支援センター	(社福)藤聖母園 法人番号5420005000403	030-0944	青森市筒井八ツ橋51-2	017-718-3604
	障害者就業・生活支援センター みなと	(医)清照会 法人番号1420005002725	031-0041	八戸市廿三日町18	0178-44-0201
	障害者就業・生活支援センター 月見野	(社福)健誠会 法人番号7420005003940	038-2816	つがる市森田町森田月見野473-2	0173-26-4242
	障害者就業・生活支援センター みさわ	(公益財団法人)こころすこやか財団 法人番号9420005006727	033-0052	三沢市本町1-62-9	0176-27-6738
	障がい者就業・生活支援センター しもきた	(社福)桜木会 法人番号3420005006542	035-0076	むつ市旭町2-2	0175-31-1020
岩手県	胆江障害者就業・生活支援センター	(社福)愛護会 法人番号1400605000155	023-0825	奥州市水沢区台町6-28	0197-51-6306

都道府県	センター名	運営法人	センター郵便番号	センター所在地	センター電話番号
	宮古地区チャレンジド就業・生活支援センター	(社福)若竹会 法人番号4400005004142	027-0073	宮古市緑ヶ丘2-3 はあとふるセンターみやこ内	0193-71-1245
	盛岡広域障害者就業・生活支援センター	(社福)千晶会 法人番号8400005000427	020-0015	盛岡市本町通3-19-1 岩手県福祉総合相談センター2階	019-605-8822
	一関広域障害者就業・生活支援センター	(社福)平成会 法人番号3400505000088	029-0131	一関市狐禅寺字石の瀬61-3	0191-34-9100
	久慈地区チャレンジド就業・生活支援センター	(社福)修倫会 法人番号6400005004867	028-0061	久慈市中央4-34	0194-66-8585
	岩手中部障がい者就業・生活支援センター しごとネットさくら	(社福)岩手県社会福祉事業団 法人番号5400005000413	024-0094	北上市本通り2-1-10	0197-63-5791
	二戸圏域チャレンジド就業・生活支援センター カシオペア	(社福)カシオペア障連 法人番号7400005004775	028-6103	二戸市石切所字川原28-7	0195-26-8012
	気仙障がい者就業・生活支援センター	(社福)大洋会 法人番号9402705000093	022-0003	大船渡市盛町字東町11-12	0192-27-0833
	釜石大槌地域障がい者就業・生活支援センター キックオフ	(社福)翔友 法人番号6400005004520	026-0032	釜石市千鳥町1-12-2第1コーポチスガ1F	0193-55-4181
宮城県	石巻地域就業・生活支援センター	(社福)石巻祥心会 法人番号6370305000405	986-0861	石巻市蛇田字小斎24-1 コスモス内	0225-95-6424
	県北地域福祉サービスセンター 障害者就業・生活支援センター Link	(社福)宮城県社会福祉協議会 法人番号2370000501491	989-6162	大崎市古川駅前大通1-5-18 ふるさとプラザ2階	0229-21-0266
	県南障害者就業・生活支援センター コノコノ	(社福)白石陽光園 法人番号2370105001276	989-0225	白石市東町2-2-33	0224-25-7303
	障害者就業・生活支援センター わ〜く	(社福)宮城県社会福祉協議会 法人番号2370005001491	983-0014	仙台市宮城野区高砂１－154－10	022-353-5505
	障害者就業・生活支援センター ゆい	(社福)恵泉会 法人番号5370405000108	987-0511	登米市迫町佐沼字中江1-10-4	0220-21-1011
	障害者就業・生活支援センター かなえ	(社福)洗心会 法人番号3370505000034	988-0044	気仙沼市神山5－3	0226-24-5162
	くりはら障がい者就業・生活支援センター あしすと	(NPO)栗原市障害者就労支援センター 法人番号7370205001857	987-2252	栗原市築館薬師4-4-17	0228-24-9188
秋田県	秋田県南障害者就業・生活支援センター	(社福)慈泉会 法人番号8410005004377	014-0043	大仙市大曲戸巻町2-68	0187-88-8713
	ウェルビューいずみ障害者就業・生活支援センター	(社福)いずみ会 法人番号5410005001055	010-0817	秋田市泉菅野2-17-27	018-896-7088
	秋田県北障害者就業・生活支援センター	(社福)大館圏域ふくし会 法人番号6410005002837	017-0845	大館市泉町9-19	0186-57-8225
	秋田県能代山本障害者就業・生活支援センター	(社福)秋田虹の会 法人番号8410005003750	016-0873	能代市字長崎42-1	0185-88-8296

都道府県	センター名	運営法人	センター郵便番号	センター所在地	センター電話番号
	由利本荘・にかほ圏域障害者就業・生活支援センター　　　　　　　　E－SUPPORT（イーサポート）	（社）秋田県社会福祉事業団 法人番号3410005000612	018-0604	由利本荘市二番堰25番1	0184-44-8578
	湯沢雄勝障害者就業・生活支援センター　ぱあとなあ	（社福）雄勝福祉会 法人番号8410005002612	012-0036	湯沢市両神15-1	0183-55-8650
	ネット横手障害者就業・生活支援センター	（社福）慈泉会 法人番号8410005004377	013-0068	横手市梅の木町8-5	0182-23-6281
	北秋田障害者就業・生活支援センター	（社福）県北報公会 法人番号7410005003289	018-3315	北秋田市宮前町9-67	0186-67-6003
山形県	置賜障害者就業・生活支援センター	（社福）山形県社会福祉事業団 法人番号8390005000528	993-0016	長井市台町4－24	0238-88-5357
	村山障害者就業・生活支援センター　ジョブサポートぱる	（社福）山形県社会福祉事業団 法人番号8390005000528	990-0861	山形市江俣1-9-26	023-682-0210
	庄内障害者就業・生活支援センター　サポートセンターかでる	（社福）山形県社会福祉事業団 法人番号8390005000528	998-0865	酒田市北新橋1－1－18	0234-24-1236
	最上障害者就業・生活支援センター	（社福）友愛の里 法人番号3390005006067	996-0085	新庄市堀端町8-3	0233-23-4528
福島県	いわき障害者就業・生活支援センター	（社福）いわき福音協会 法人番号2380005005715	970-8026	いわき市平字堂ノ前2	0246-24-1588
	県中地域障害者就業・生活支援センター	（社福）ほっと福祉記念会 法人番号8380005003192	963-8835	福島県郡山市小原田2-4-7	024-941-0570
	会津障害者就業・生活支援センター　ふろんていあ	（社福）若樹会 法人番号8380005007887	965-0006	会津若松市一箕町大字鶴賀字下柳原88-4	0242-85-6592
	相双障害者就業・生活支援センター	（社福）福島県福祉事業協会 法人番号1380005007497	976-0032	南相馬市原町区桜井町1-77-2	0244-24-3553
	県南障がい者就業・生活支援センター	（社福）福島県社会福祉事業団 法人番号3380005005045	961-0957	白河市道場小路91-5　第6大成プラザ1階	0248-23-8031
	県北障害者就業・生活支援センター	（社福）つばさ福祉会 法人番号5380005000457	960-8164	福島市八木田字並柳41-5	024-529-6800
茨城県	水戸地区障害者就業・生活支援センター	（社福）水戸市社会福祉協議会 法人番号4050005000532	311-4141	水戸市赤塚1-1　ミオスビル2F	029-309-6630
	障害者就業・生活支援センター　なかま	（社福）慶育会 法人番号1050005009931	308-0811	筑西市茂田1740	0296-22-5532
	障害者就業・生活支援センター　かい	（社福）白銀会 法人番号2050005003652	315-0005	石岡市鹿の子4-16-52	0299-22-3215
	障害者就業・生活支援センター　かすみ	（NPO）自立支援ネットワーク 法人番号1050005005955	300-0053	土浦市真鍋新町1-14	029-827-1104
	かしま障害者就業・生活支援センター　まつぼっくり	（社福）鹿島育成園 法人番号1234567891011	314-0016	鹿嶋市国末1539-1	0299-82-6475

都道府県	センター名	運営法人	センター郵便番号	センター所在地	センター電話番号
	つくばLSC障害者就業・生活支援センター	（社福）創志会 法人番号7050005005116	305-0882	つくば市みどりの中央B23-1	029-847-8000
	障がい者就業・生活支援センター　KUINA	（社福）町にくらす会 法人番号7050005002435	312-0004	ひたちなか市長砂1561-4	029-202-0777
	障害者就業・生活支援センター　慈光倶楽部	（社福）慈光学園 法人番号4050005004608	306-0504	坂東市生子1617	0280-88-7690
	障害者就業・生活支援センターまゆみ	（医）圭愛会 法人番号6050005007170	316-0003	日立市多賀町1-3-6	0294-36-2878
栃木県	県南圏域障害者就業・生活支援センター　めーぷる	（社福）せせらぎ会 法人番号3060005006018	321-0201	下都賀郡壬生町大字安塚2032	0282-86-8917
	両毛圏域障害者就業・生活支援センター	（社福）足利むつみ会 法人番号9060005006268	326-0032	足利市真砂町1-1　栃木県安足健康福祉センター内	0284-44-2268
	県北圏域障害者就業・生活支援センター　ふれあい	（社福）とちぎ健康福祉協会 法人番号2060005000772	329-1312	さくら市桜野1270	028-681-6633
	県東圏域障害者就業・生活支援センター　チャレンジセンター	（社福）こぶしの会 法人番号5060005000753	321-4305	真岡市荒町111-1	0285-85-8451
	県西圏域障害者就業・生活支援センター　フィールド	（社福）希望の家 法人番号4060005003550	322-0007	鹿沼市武子1566　希望の家内	0289-63-0100
	宇都宮圏域障害者就業・生活支援センター	（社福）飛山の里福祉会 法人番号1060005001870	321-0905	宇都宮市平出工業団地43-100	028-678-3256
群馬県	障害者就業・生活支援センター　エブリィ	（社福）はるな郷 法人番号5070005002947	370-0065	高崎市末広町115-1　高崎市総合福祉センター内	027-361-8666
	障害者就業・生活支援センター　わーくさぽーと	（社福）杜の舎 法人番号8070005005823	373-0026	太田市東本町53-20　太田公民館東別館内	0276-57-8400
	障害者就業・生活支援センター　みずさわ	（社福）薫英会 法人番号6070005005321	370-3606	北群馬郡吉岡町上野田3480-1	0279-30-5235
	障害者就業・生活支援センター　ワークセンターまえばし	（社福）すてっぷ 法人番号5070005001164	371-0017	前橋市日吉町2-17-10　前橋市総合福祉会館1階	027-231-7345
	障がい者就業・生活支援センター　メルシー	（社福）明清会 法人番号9070005004270	372-0001	伊勢崎市波志江町571-1	0270-25-3390
	障害者就業支援センター　トータス	（社福）かんな会 法人番号4070005004093	375-0014	藤岡市下栗須　873-1	0274-22-5933
	障がい者就業・生活支援センター　さんわ	（社福）三和会 法人番号1070005005128	376-0121	桐生市新里町新川3743	0277-74-6981
	障害者就業・生活支援センターコスモス	（社福）北毛清流会 法人番号6070005006971	378-0053	沼田市東原新町1801-40　沼田市役所東原庁舎内	0278-25-4400
埼玉県	障害者就業・生活支援センター　ZAC	（NPO）東松山障害者就労支援センター 法人番号1030005011550	355-0013	東松山市小松原町17-19	0493-24-5658

都道府県	センター名	運営法人	センター郵便番号	センター所在地	センター電話番号
	障害者就業・生活支援センター　こだま	（社福）美里会 法人番号9030005009414	367-0101	児玉郡美里町大字小茂田756-3	0495-76-0627
	埼葛北障害者就業・生活支援センター	（社福）啓和会 法人番号3030005004651	346-0011	久喜市青毛753-1　ふれあいセンター久喜内	0480-21-3400
	秩父障がい者就業・生活支援センター　キャップ	（社福）清心会 法人番号4030005014971	368-0032	秩父市熊木町12-21　さやかサポートセンター内	0494-21-7171
	障害者就業・生活支援センター　CSA	（社福）あげお福祉会 法人番号1030005006468	362-0075	上尾市柏座1-1-15　プラザ館5階	048-767-8991
	障がい者就業・生活支援センター　遊谷	（社福）熊谷碇福祉会 法人番号9030005013465	360-0192	熊谷市江南中央1-1 熊谷市役所江南庁舎（江南行政センター）3階	048-598-7669
	障害者就業・生活支援センター　かわごえ	（社福）親愛会 法人番号4030005008404	350-1150	川越市中台南2丁目17番地15　川越親愛センター相談室内	049-246-5321
	東部障がい者就業・生活支援センター　みらい	（社福）草加市社会福祉事業団 法人番号4030005005847	340-0011	草加市栄町2-1-32ストーク草加弐番館1階	048-935-6611
	障害者就業・生活支援センター　みなみ	（社福）戸田わかくさ会 法人番号1030005003201	335-0021	戸田市新曽1993-21カーサ・フォルテ北戸田1F	048-432-8197
	障害者就業・生活支援センター　SWAN	（社福）ヤマト自立センター 法人番号2030005007176	352-0017	新座市菅沢1-3-1	048-480-3603
千葉県	障害者就業・生活支援センター　あかね園	（社福）あひるの会 法人番号5040005002446	275-0024	習志野市茜浜3-4-6　京葉測量（株）内	047-452-2718
	障害者就業・生活支援センター　千葉障害者キャリアセンター	（NPO）ワークス未来千葉 法人番号3040005003223	261-0002	千葉市美浜区新港43	043-204-2385
	障害者就業・生活支援センター　ビッグ・ハート柏	（社福）実のりの会 法人番号8040005003383	277-0005	柏市柏3-6-21　柏ビル3階　302号室	04-7168-3003
	障害者就業・生活支援センター　東総就業センター	（社福）ロザリオの聖母会 法人番号9040005012169	289-2513	旭市野中3825	0479-60-0211
	障害者就業・生活支援センター　ふる里学舎地域生活支援センター	（社福）佑啓会 法人番号4040005009087	290-0265	市原市今富1110-1	0436-36-7762
	障害者就業・生活支援センター　就職するなら明朗塾	（社福）光明会 法人番号6040005007254	285-0026	佐倉市鏑木仲田町9-3	043-235-7350
	障害者就業・生活支援センター　山武ブリオ	（社福）ワーナーホーム 法人番号5040005010291	299-3211	大網白里市細草3221-4	0475-77-6511
	大久保学園障害者就業・生活支援センター	（社福）大久保学園 法人番号9040005003052	274-0054	船橋市金堀町499-1	047-457-7380
	障害者就業・生活支援センター　ビッグ・ハート松戸	（社福）実のりの会 法人番号8040005003383	271-0047	松戸市西馬橋幸町117 ロザール松戸109号室	047-343-8855
	障害者就業・生活支援センター　エール	（NPO）ぽぴあ 法人番号3040005008296	292-0067	木更津市中央1-16-12　サンライズ中央1階	0438-42-1201

都道府県	センター名	運営法人	センター郵便番号	センター所在地	センター電話番号
	障害者就業・生活支援センター 中里	(社福)安房広域福祉会 法人番号1040005014957	294-0231	館山市中里291	0470-20-7188
	障害者就業・生活支援センター 香取就業センター	(社福)ロザリオの聖母会 法人番号9040005012169	287-0101	香取市高萩1100-2	0478-79-6923
	障害者就業・生活支援センター ピア宮敷	(社福)土穂会 法人番号3040005016167	299-4504	いすみ市岬町桑田字大谷341-1	0470-87-5201
	障害者就業・生活支援センター いちされん	(NPO)いちされん 法人番号1040005004702	272-0026	市川市東大和田1-2-10 市川市分庁舎C棟内	047-300-8630
	障害者就業・生活支援センター はーとふる	(社福)はーとふる 法人番号4040005014772	278-8550	野田市鶴奉7-1 野田市役所内1階	04-7124-0124
	障害者就業・生活支援センター 長生ブリオ	(社福)ワーナーホーム 法人番号5040005010291	297-0012	茂原市六ツ野2796-40	0475-44-4646
東京都	障害者就業・生活支援センター ワーキング・トライ	(社福)JHC板橋会 法人番号3011405000192	174-0072	板橋区南常盤台2-1-7	03-5986-7551
	障害者就業・生活支援センター アイーキャリア	(NPO)まひろ 法人番号6010905002588	158-0091	世田谷区中町2-21-12 なかまちNPOセンター2階	03-3705-5803
	障害者就業・生活支援センター オーブナー	(社福)多摩棕櫚亭協会 法人番号8012405000054	186-0003	国立市富士見台1-17-4	042-577-0079
	就業・生活支援センター WEL'S TOKYO	(NPO)WEL'S新木場 法人番号5010005012464	101-0054	千代田区神田錦町3-21 ちよだプラットフォームスクエアCN312	03-5259-8372 070-6524-7014
	障害者就業・生活支援センター TALANT	(NPO)わかくさ福祉会 法人番号6010105001309	192-0046	八王子市明神町4-5-3 橋捷ビル4階	042-648-3278
	障害者就業・生活支援センター けるん	(NPO)青少年自立援助センター 法人番号4013105000091	197-0022	福生市本町94-9 山本ビル1F	042-553-6320
神奈川県	障害者支援センター ぽけっと	(社福)よるべ会 法人番号4021005005763	250-0851	小田原市曽比1786-1 オークプラザⅡ	0465-39-2007
	よこすか障害者就業・生活支援センター	(社福)横須賀市社会福祉事業団法人番号9021005007648	238-0041	横須賀市本町2-1	046-820-1933
	障がい者就業・生活支援センター サンシティ	(社福)進和学園 法人番号7021005006783	254-0041	平塚市浅間町2-20	0463-37-1622
	横浜市障害者就業・生活支援センター スタート	(社福)こうよう会 法人番号3020005004454	244-0003	横浜市戸塚区戸塚町4111 吉原ビル2階	045-869-2323
	障害者就業・生活支援センター ぽむ	(社福)県央福祉会 法人番号7021005004754	243-0401	海老名市東柏ヶ谷3-5-1 ウエルストーン相模野103	046-232-2444
	湘南障害者就業・生活支援センター	(社福)電機神奈川福祉センター 法人番号7020005003155	251-0041	藤沢市辻堂神台1-3-39 タカギビル4階	0466-30-1077
	川崎障害者就業・生活支援センター	(社福)電機神奈川福祉センター 法人番号7020005003155	211-0063	川崎市中原区小杉町3-264-3 富士通ユニオンビル3階	044-739-1294

都道府県	センター名	運営法人	センター郵便番号	センター所在地	センター電話番号
	相模原障害者就業・生活支援センター	(社福)相模原市社会福祉事業団　法人番号9021005002624	252-0223	相模原市中央区松が丘1-23-1	042-758-2121
新潟県	障がい者就業・生活支援センター　こしじ	(社福)中越福祉会　法人番号2110005011269	949-5411	長岡市来迎寺1864	0258-92-5163
	障がい者就業・生活支援センター　ハート	(社福)県央福祉会　法人番号9110005005611	955-0845	三条市西本成寺1-28-8	0256-35-0860
	障がい者就業・生活支援センター　アシスト	(社福)のぞみの家福祉会　法人番号5110005004567	957-0011	新潟県新発田市島潟1454	0254-23-1987
	障がい者就業・生活支援センター　さくら	(社福)さくら園　法人番号5110005008147	943-0892	上越市寺町2-20-1　上越市福祉交流プラザ内	025-538-9087
	障がい者就業・生活支援センター　らいふあっぷ	(社福)更生慈仁会　法人番号7110005000820	950-2076	新潟市西区上新栄町3-20-18	025-250-0210
	障がい者就業・生活支援センター　あおぞら	(社福)十日町福祉会　法人番号6110005010696	948-0082	十日町市本町2-333-1	025-752-4486
	障がい者就業・生活支援センター　あてび	(社福)佐渡福祉会　法人番号3110005014080	952-1204	佐渡市三瀬川382番地7	0259-67-7740
富山県	富山障害者就業・生活支援センター	(社福)セーナー苑　法人番号3230005002478	939-2298	富山市坂本3110　社会福祉法人セーナー苑内	076-467-5093
	高岡障害者就業・生活支援センター	(社福)たかおか万葉福祉会かたかご苑　法人番号9230005005921	933-0935	高岡市博労本町4-1　高岡市ふれあい福祉センター2階	0766-26-4566
	新川障害者就業・生活支援センター	(社福)新川むつみ園　法人番号5230005003904	939-0633	下新川郡入善町浦山新2208	0765-78-1140
	砺波障害者就業・生活支援センター	(社福)渓明会　法人番号3230005005398	939-1386	砺波市幸町1-7　富山県砺波総合庁舎内1階	0763-33-1552
石川県	金沢障害者就業・生活支援センター	(社福)金沢市社会福祉協議会　法人番号6220005001998	920-0864	金沢市高岡町7-25　金沢市松ヶ枝福祉館内	076-231-0800
	こまつ障害者就業・生活支援センター	(社福)こまつ育成会　法人番号9220005004313	923-0942	小松市桜木町96-2	0761-48-5780
	さいこうえん障害者就業・生活支援センター	(社福)徳充会　法人番号4220005005175	926-0045	七尾市袖ヶ江町14-1	0767-52-0517
福井県	福井障害者就業・生活支援センター　ふっとわーく	(社福)ふくい福祉事業団　法人番号7210005000629	910-0026	福井市光陽2-3-22　福井県社会福祉センター内	0776-97-5361
	嶺南障害者就業・生活支援センター　ひびき	(社福)敦賀市社会福祉事業団　法人番号8210005006451	914-0063	敦賀市神楽町1-3-20	0770-20-1236
山梨県	障害者就業・生活支援センター　陽だまり	(社福)八ヶ岳名水会　法人番号5090005004842	407-0015	韮崎市若宮1-2-50	0551-45-9901
	すみよし障がい者就業・生活支援センター	(公財)住吉偕成会　法人番号2090005002840	400-0851	甲府市住吉4-7-27	055-221-2133

都道府県	センター名	運営法人	センター郵便番号	センター所在地	センター電話番号
	障がい者就業・生活支援センター　コピット	（社福）ぶどうの里 法人番号6090005003802	404-0042	甲州市塩山上於曽933-1	0553-39-8181
	障がい者就業・生活支援センター　ありす	（社福）ありんこ 法人番号6090005004346	403-0017	富士吉田市新西原3-4-20	0555-30-0505
長野県	上小圏域障害者就業・生活支援センター　SHAKE	（社福）かりがね福祉会 法人番号5100005004345	386-0012	上田市中央3-5-1　上田市ふれあい福祉センター2階	0268-27-2039
	松本圏域障害者就業・生活支援センター　らいと	（社福）アルプス福祉会 法人番号4100005005625	390-0817	松本市巾上11-20	0263-88-5146
	長野圏域障害者就業・生活支援センター　ウィズ	（社福）ともいき会 法人番号8100005002206	380-0935	長野市中御所3-2-1　カネカビル1階	026-214-3737
	飯伊圏域障がい者就業・生活支援センター　ほっとすまいる	（NPO）飯伊圏域障がい者総合支援センター 法人番号9100005010307	395-0024	飯田市東栄町3108-1　さんとぴあ飯田1階	0265-24-3182
	佐久圏域障がい者就業・生活支援センター　ほーぷ	（社福）佐久コスモス福祉会 法人番号4100005002993	385-0022	佐久市岩村田1880-4	0267-66-3563
	上伊那圏域障がい者就業・生活支援センター　きらりあ	（社福）長野県社会福祉事業団 法人番号1100005001692	399-4511	上伊那郡南箕輪村6451-1	0265-74-5627
	ほくしん圏域障害者就業・生活支援センター	（社福）高水福祉会 法人番号9100005004977	389-2254	飯山市南町19-8　雁木ぷらざ内	0269-62-1344
	諏訪圏域障害者就業・生活支援センター　すわーくらいふ	（社福）清明会 法人番号8100005008442	392-0027	諏訪市湖岸通り5-18-23	0266-54-7013
	大北圏域障害者就業・生活支援センター	（社福）信濃の郷 法人番号2100005007350	398-0002	大町市大字大町1129　大町総合福祉センター内	0261-26-3855
	木曽圏域障害者就業・生活支援センター　ともに	（社福）木曽社会福祉事業協会 法人番号9100005007550	399-5607	木曽郡上松町大字小川1702　ひのきの里総合福祉センター内	0264-52-2494
岐阜県	岐阜障がい者就業・生活支援センター	（社福）岐阜市社会福祉事業団 法人番号3200005001540	500-8314	岐阜市鍵屋西町2-20　多恵第2ビル1階	058-253-1388
	ひだ障がい者就業・生活支援センター　ぷりずむ	（社福）飛騨慈光会 法人番号1200005009775	506-0025	高山市天満町4-64-8　第1ビル1F	0577-32-8736
	ひまわりの丘障害者就業・生活支援センター	（社福）岐阜県福祉事業団 法人番号6200005001546	501-3938	関市桐ヶ丘3-2	0575-24-5880
	西濃障がい者就業・生活支援センター	（社福）あゆみの家 法人番号1200005004140	503-2123	不破郡垂井町栗原2066-2	0584-22-5861
	東濃障がい者就業・生活支援センター　サテライトt	（社福）陶技学園 法人番号9200005008191	507-0073	多治見市小泉町2-93　ルミナス小泉102	0572-26-9721
	清流障がい者就業・生活支援センター　ふなぶせ	（社福）舟伏 法人番号9200005002847	500-8211	岐阜市日野東4-10-18	058-215-8248
静岡県	静岡中東遠障害者就業・生活支援センター　ラック	（社福）明和会 法人番号8080405006115	437-0062	袋井市泉町2-10-13	0538-43-0826

都道府県	センター名	運営法人	センター郵便番号	センター所在地	センター電話番号
	障害者就業・生活支援センター だんだん	医療法人社団 至空会 法人番号8080405003509	433-8101	浜松市北区三幸町201-4	053-482-7227
	障害者就業・生活支援センター ひまわり	(社福)あしたか太陽の丘 法人番号8080105000129	410-0301	沼津市宮本5-2	055-923-7981
	富士障害者就業・生活支援センター チャレンジ	(社福)誠信会 法人番号1080105002701	417-0847	富士市比奈1481-2	0545-39-2702
	障害者就業・生活支援センター ぱれっと	(社福)ハルモニア 法人番号2080005006017	426-0066	藤枝市青葉町2-11-1	054-631-7272
	障害者就業・生活支援センター さつき	(社福)明光会 法人番号5080005000099	421-1211	静岡市葵区慈悲尾180	054-277-3019
	障害者就業・生活支援センター おおむろ	(社福)城ヶ崎いこいの里 法人番号7080105004007	413-0232	伊東市八幡野1259-21	0557-53-5501
	賀茂障害者就業・生活支援センター・わ	(社福)覆育会 法人番号5080105004801	415-0035	下田市東本郷1-7-21	0558-22-5715
愛知県	豊橋障害者就業・生活支援センター	(社福)岩崎学園 法人番号5180305002413	440-0022	豊橋市岩崎町字長尾119-2	0532-69-1323
	知多地域障害者就業・生活支援センター ワーク	(社福)愛光園 法人番号6180005011762	470-2102	知多郡東浦町緒川寿久茂129	0562-34-6669
	なごや障害者就業・生活支援センター	(社福)共生福祉会 法人番号5180005002770	462-0825	名古屋市北区大曽根4-7-28 わっぱ共生・共働センター	052-908-1022
	西三河障害者就業・生活支援センター 輪輪	(社福)愛恵協会 法人番号3180305000831	444-3511	岡崎市舞木町字山中町121	0564-27-8511
	尾張北部障害者就業・生活支援センター ようわ	(社福)養楽福祉会 法人番号9180005008236	480-0305	春日井市坂下町4-295-1	0568-88-5115
	尾張西部障害者就業・生活支援センター すろーぷ	(社福)樫の木福祉会 法人番号1180005009646	491-0931	一宮市大和町馬引字郷裏42番地	0586-85-8619
	尾張東部障害者就業・生活支援センター アクト	(社福)ひまわり福祉会 法人番号7180005008964	488-0833	尾張旭市東印場町二反田146	0561-54-8677
	西三河北部障がい者就業・生活支援センター	(社福)豊田市福祉事業団 法人番号5180305005358	471-0066	豊田市栄町1-7-1	0565-36-2120
	海部障害者就業・生活支援センター	(社福)名古屋ライトハウス 法人番号6180005002828	496-0807	津島市天王通り6丁目1番地六三ビル1階102号室	0567-22-3633
	東三河北部障害者就業・生活支援センター ウィル	(社福)新城福祉会 法人番号9180305007846	441-1301	新城市矢部字本並48	0536-24-1314
	尾張中部障害者就業・生活支援センター	(社福)共生福祉会 法人番号5180005002770	481-0033	北名古屋市西之保三町地14-2 広瀬ビル1F西	0568-68-6010
	西三河南部西障害者就業・生活支援センター くるくる	(NPO)くるくる 法人番号7180305005091	448-0843	刈谷市新栄町7-73 フラワービル3階	0566-70-8020

都道府県	センター名	運営法人	センター郵便番号	センター所在地	センター電話番号
三重県	四日市障害者就業・生活支援センター プラウ	(社福)四日市市社会福祉協議会 法人番号4190005008867	510-0085	四日市市諏訪町2-2 総合会館3階	059-354-2550
	伊勢志摩障害者就業・生活支援センター ブレス	(社福)三重済美学院 法人番号7190005005036	516-0037	伊勢市岩渕2-4-9	0596-20-6525
	鈴鹿亀山障害者就業・生活支援センター あい	(社福)和順会 法人番号6190005004071	513-0801	鈴鹿市神戸1-18-18 鈴鹿市役所西館2階	059-381-1035
	伊賀圏域障がい者就業・生活支援センター ジョブサポート ハオ	(社福)名張育成会 法人番号3190005006260	518-0603	名張市西原町2625	0595-65-7710
	障害者就業・生活支援センター そういん	(医)北勢会 法人番号6190005007875	511-0061	桑名市寿町1-11	0594-27-7188
	松阪・多気地域障害者就業・生活支援センター マーベル	(社福)三重県厚生事業団 法人番号5190005000113	515-0812	松阪市船江町1392-3 松阪ショッピングセンター「マーム」1階	0598-50-5569
	津地域障がい者就業・生活支援センター ふらっと	(社福)聖マッテヤ会 法人番号9190005000101	514-0027	津市大門7－15 津センターパレス 3階	059-229-1380
	障がい者就業・生活支援センター 結	(社福)尾鷲市社会福祉協議会 法人番号5190005003743	519-3618	尾鷲市栄町5－5	0597-37-4011
滋賀県	障害者雇用・生活支援センター （甲賀）	(社福)しがらき会 法人番号3160005002469	528-8511	甲賀市水口町水口6200	0748-63-5830
	障害者就業・生活支援センター 働き・暮らしコトー支援センター	(社福)ひかり福祉会 法人番号3160005004960	522-0054	彦根市西今町87-16 NaSu8-103	0749-21-2245
	おおつ障害者就業・生活支援センター	(NPO)おおつ「障害者の生活と労働」協議会 法人番号9160005002208	520-0044	大津市京町3-5-12 森田ビル5階	077-522-5142
	湖西地域障害者就業・生活支援センター	(社福)ゆたか会 法人番号1160005007511	520-1623	高島市今津町住吉2-11-2	0740-22-3876
	湖南地域障害者就業・生活支援センター	(社福)あすこみっと 法人番号2160005008772	524-0037	守山市梅田町2-1-201 セルバ守山内	077-583-5979
	東近江圏域障害者就業・生活支援センター	(社福)わたむきの里福祉会 法人番号5160005006393	523-0015	近江八幡市上田町1288－18 前出産業株式会社2階	0748-36-1299
	湖北地域しょうがい者就業・生活支援センター	(社福)湖北会 法人番号9160005003437	526-0845	長浜市小堀町32番地3 ながはまウェルセンター内	0749-64-5130
京都府	京都障害者就業・生活支援センター	(社福)京都総合福祉協会 法人番号3130005004476	606-0846	京都市左京区下鴨北野々神町26 北山ふれあいセンター内	075-702-3725
	障害者就業・生活支援センター はぴねす	(社福)南山城学園 法人番号4130005008807	611-0033	宇治市大久保町北ノ山101-10	0774-41-2661
	障害者就業・生活支援センター わかば	(社福)みずなぎ学園 法人番号6130005011453	624-0913	舞鶴市字上安久140－3	0773-75-2130
	しょうがい者就業・生活支援センター 「あん」	(社福)京都ライフサポート協会 法人番号8130005008654	619-0214	京都府木津川市木津駅前1-10	0774-71-0701

都道府県	センター名	運営法人	センター郵便番号	センター所在地	センター電話番号
	なんたん障害者就業・生活支援センター	(社福)松花苑 法人番号2130005007901	621-0042	亀岡市千代川町高野林西ノ畑16-19 総合生活支援センターしょうかえん内	0771-24-2181
	しょうがい者就業・生活支援センター アイリス	(一般財団法人)長岡記念財団 法人番号8130005006352	617-0833	長岡京市神足2-3-1 バンビオ1番館7階701-6	075-952-5180
	障害者就業・生活支援センター こまち	(社福)よさのうみ福祉会 法人番号6130005009431	629-2503	京丹後市大宮町周枳1-1	0772-68-0005
	しょうがい者就業・生活支援センター はあとふるアイリス	(一般財団法人)長岡記念財団 法人番号8130005006352	601-8047	京都市南区東九条下殿田町70 (京都テルサ西館3階)	075-682-8911
大阪府	大阪市障害者就業・生活支援センター	(社福)大阪市障害者福祉・スポーツ協会 法人番号1120005002524	543-0026	大阪市天王寺区東上町4-17 大阪市立中央授産場内	06-6776-7336
	北河内東障害者就業・生活支援センター 支援センターさくら	(社福)大阪手をつなぐ育成会 法人番号2120005002515	574-0036	大東市末広町15-6 支援センターさくら内	072-871-0047
	南河内南障害者就業・生活支援センター	(社福)大阪府障害者福祉事業団 法人番号3120105004880	586-0025	河内長野市昭栄町2-1-101	0721-53-6093
	すいた障害者就業・生活支援センター Suitable	(社福)ぷくぷく福祉会 法人番号4120905001647	564-0031	吹田市元町19-15 丸二ビル102号	06-6317-3749
	高槻市障害者就業・生活支援センター	(社福)花の会 法人番号4120905001812	569-0803	高槻市高槻町4番17号	072-668-4510
	八尾・柏原障害者就業・生活支援センター	(社福)信貴福祉会 法人番号5122005001989	581-0853	八尾市楽音寺1-85-1	072-940-1215
	とよなか障害者就業・生活支援センター	(NPO)豊中市障害者就労雇用支援センター 法人番号1120905004223	561-0872	豊中市寺内1-1-10 ローズコミュニティ・緑地1階	06-4866-7100
	東大阪市障害者就業・生活支援センター J-WAT	(社福)東大阪市社会福祉事業団 法人番号9122005000087	577-0054	東大阪市高井田元町1-2-13	06-6789-0374
	南河内北障害者就業・生活支援センター	(社福)ふたかみ福祉会 法人番号7120105005231	583-0856	羽曳野市白鳥3-16-3 セシル古市102号	072-957-7021
	枚方市障害者就業・生活支援センター	(社福)であい共生舎 法人番号1120005012746	573-1187	枚方市磯島元町21-10	090-2064-2188
	寝屋川市障害者就業・生活支援センター	(社福)光輝会 法人番号8120005012772	572-0855	寝屋川市寝屋南2-14-12 隆光学園真心ハウス	072-822-0502
	泉州中障害者就業・生活支援センター	(NPO)あいむ 法人番号1120105006144	597-0054	貝塚市堤371-1 タケモトビル4階A室	072-422-3322
	茨木・摂津障害者就業・生活支援センター	(社福)摂津宥和会 法人番号4120905001754	566-0034	摂津市香露園34-1 摂津市障害者総合支援センター内	072-664-0321
	北河内西障害者就業・生活支援センター	(社福)明日葉 法人番号9120005014116	570-0081	守口市日吉町1-2-12 守口市障害者・高齢者交流会館4階	06-6994-3988
	泉州北障害者就業・生活支援センター	(NPO)チャレンジド・ネットいずみ 法人番号9120105007085	594-0071	和泉市府中町1-8-3 和泉ショッピングセンター2階	0725-26-0222

都道府県	センター名	運営法人	センター郵便番号	センター所在地	センター電話番号
	泉州南障害者就業・生活支援センター ほっぷ	(NPO)障害者自立支援センターほっぷ 法人番号2120105006606	598-0062	泉佐野市下瓦屋222-1 泉佐野市立北部市民交流センター本館	072-463-7867
	豊能北障害者就業・生活支援センター	(一般財団法人)箕面市障害者事業団 法人番号2120905004692	562-0015	箕面市稲1-11-2 ふれあい就労支援センター3階	072-723-3818
	堺市障害者就業・生活支援センター エマリス	(NPO)堺市障害者就労促進協会 法人番号4120105003634	590-0808	堺市堺区旭ヶ丘中町4-3-1 堺市立健康福祉プラザ4階	072-275-8162
兵庫県	加古川障害者就業・生活支援センター	(社福)加古川はぐるま福祉会 法人番号1140005009212	675-0002	加古川市山手1-11-10	079-438-8728
	神戸障害者就業・生活支援センター	(社福)神戸聖隷福祉事業団 法人番号7140005002343	652-0897	神戸市兵庫区駅南通5-1-1	078-672-6480
	西播磨障害者就業・生活支援センター	(社福)兵庫県社会福祉事業団 法人番号9140005002399	678-0252	赤穂市大津1327 赤穂精華園内	0791-43-2393
	淡路障害者就業・生活支援センター	(社福)兵庫県社会福祉事業団 法人番号9140005002399	656-1331	洲本市五色町都志大日707	0799-33-1192
	姫路障害者就業・生活支援センター	(社福)姫路市社会福祉事業団 法人番号6140005013424	670-0074	姫路市御立西5-6-26 職業自立センターひめじ内	079-291-6504
	丹波障害者就業・生活支援センター	(社福)わかたけ福祉会 法人番号2140005008592	669-2314	篠山市東沢田240-1	079-554-2339
	北播磨障害者就業・生活支援センター	(社福)兵庫県社会福祉事業団 法人番号9140005002399	673-0534	三木市緑が丘町本町2-3	0794-84-1018
	阪神北障害者就業・生活支援センター	(社福)いたみ杉の子 法人番号6140005018084	664-0858	伊丹市行基町3-16-6 福本ビル1階 ジョブリンク内	072-785-3111
	阪神南障害者就業・生活支援センター	(社福)三田谷治療教育院 法人番号8140005002425	659-0051	芦屋市呉川町14-9 芦屋市保健福祉センター1階	0797-22-5085
奈良県	なら障害者就業・生活支援センター コンパス	(社福)寧楽ゆいの会 法人番号4150005001090	630-8115	奈良市大宮町3-5-39 やまと建設第3ビル302	0742-32-5512
	なら東和障害者就業・生活支援センター たいよう	(社福)大和会 法人番号9150005002902	633-0091	桜井市桜井232 ヤガビル3階302号室	0744-43-4404
	なら西和障害者就業・生活支援センター ライク	(社福)萌 法人番号6150005002491	639-1134	大和郡山市柳2-23-2	0743-85-7702
	なら中和障害者就業・生活支援センター ブリッジ	(社福)奈良県手をつなぐ育成会 法人番号4150005005439	634-0812	橿原市今井町2-9-19	0744-23-7176
	なら南和障害者就業・生活支援センター ハローJOB	(社福)せせらぎ会 法人番号1150005006514	638-0821	吉野郡大淀町下淵158-9	0747-54-5511
和歌山県	紀南障害者就業・生活支援センター	(社福)やおき福祉会 法人番号2170005003467	646-0061	田辺市上の山2-23-52	0739-26-8830
	障害者就業・生活支援センター つれもて	(社福)一麦会 法人番号2170005001314	640-8331	和歌山市美園町5丁目5-3 麦の郷総合支援センター	073-427-3221

都道府県	センター名	運営法人	センター郵便番号	センター所在地	センター電話番号
	紀中障害者就業・生活支援センター わーくねっと	(社福)太陽福祉会 法人番号6170005004296	644-0013	御坊市湯川町丸山478-1	0738-23-1955
	東牟婁圏域障害者就業・生活支援センター あーち	(社福)和歌山県福祉事業団 法人番号1170005004004	647-0041	新宮市野田1-8	0735-21-7113
	伊都障がい者就業・生活支援センター	(社福)葡萄会 法人番号5170005004974	648-0072	橋本市東家1-3-1 橋本市保健福祉センター内	0736-33-1913
	岩出紀の川障害者就業・生活支援センター フロンティア	(社福)きのかわ福祉会 法人番号9170005003100	649-6226	岩出市宮71-1 パストラルビル1階	0736-61-6300
	海草圏域障害者就業・生活支援センター るーと	(社福)和歌山県福祉事業団 法人番号1170005004004	642-0032	海南市名高449	073-483-5152
鳥取県	障害者就業・生活支援センター しらはま	(社福)鳥取県厚生事業団 法人番号9270005000043	689-0201	鳥取市伏野2259-17	0857-59-6060
	障害者就業・生活支援センター くらよし	(社福)鳥取県厚生事業団 法人番号9270005000043	682-0806	倉吉市昭和町1-156	0858-23-8448
	障害者就業・生活支援センター しゅーと	(社福)あしーど 法人番号6270005003874	683-0064	米子市道笑町2-126-4 稲田地所第5ビル1階	0859-37-2140
島根県	浜田障害者就業・生活支援センター レント	(社福)いわみ福祉会 法人番号 6280005004145	697-0027	浜田市殿町75-8	0855-22-4141
	出雲障がい者就業・生活支援センター リーフ	(社福）親和会 法人番号 3280005002589	693-0002	出雲市今市町875-6 ユメッセしんまち1階	0853-27-9001
	松江障害者就業・生活支援センター ぷらす	(社福）桑友 法人番号 6280005002173	690-0063	松江市寺町89	0852-60-1870
	益田障がい者就業・生活支援センター エスポア	(社福)希望の里福祉会 法人番号 9280005005074	698-0027	益田市あけぼの東町1-9	0856-23-7218
	雲南障がい者就業・生活支援センター アーチ	(社福）雲南広域福祉会 法人番号 7280005005910	699-1333	雲南市木次町下熊谷1259-1	0854-42-8022
	大田障がい者就業・生活支援センター ジョブ亀の子	(社福）亀の子 法人番号 4280005003594	694-0041	大田市長久町長久口267-6	0854-84-0271
	隠岐障がい者就業・生活支援センター 太陽	(社福）わかば 法人番号 3280005005757	685-0021	隠岐郡隠岐の島町岬町中の津四309-1	08512-2-5699
岡山県	岡山障害者就業・生活支援センター	(社福)旭川荘 法人番号2260005001800	701-2155	岡山市北区祇園866	086-275-5697
	倉敷障がい者就業・生活支援センター	(社福)倉敷市総合福祉事業団 法人番号8260005003493	710-0834	倉敷市笹沖180	086-434-9886
	津山障害者就業・生活支援センター	(社福)津山社会福祉事業会 法人番号8260005006579	708-0841	津山市川崎192-19	0868-21-8830
	たかはし障害者就業・生活支援センター	(社福)旭川荘 法人番号2260005001800	716-0061	高梁市落合町阿部2531-11	0866-22-7102

都道府県	センター名	運営法人	センター郵便番号	センター所在地	センター電話番号
広島県	みどりの町障害者就業・生活支援センター	(社福)みどりの町 法人番号5240005012276	729-1322	広島県三原市大和町箱川1503番地	0847-35-3350
	東部地域障害者就業・生活支援センター	(社福)静和会 法人番号92400005009517	726-0011	府中市広谷町959番地の1 福祉交流館パレットせいわ2F	0847-46-2636
	広島中央障害者就業・生活支援センター	(社福)つつじ 法人№.9240005003635	739-0001	東広島市西条町西条414番地31 サポートオフィスQUEST内	082-490-4050
	広島障害者就業・生活支援センター	(一般社団法人)広島県手をつなぐ育成会 法人番号6240005000841	733-0011	広島市西区横川町2丁目5－6 メゾン寿々屋201号	082-297-5011
	呉安芸地域障害者就業・生活支援センター	(公益社団法人)広島県就労振興センター 法人番号4240005002930	737-0051	呉市中央5-12-21 呉市福祉会館2階	0823-25-8870
	広島西障がい者就業・生活支援センターもみじ	(医)ハートフル 法人番号：7240005006846	738-0033	廿日市市串戸5丁目1番37号	0829-34-4717
	備北障害者就業・生活支援センター	(一般社団法人)備北地域生活支援協会 法人番号7240005005682	728-0013	三次市十日市東三丁目14-1 三次市福祉保健センター1階	0824-63-1896
山口県	光栄会障害者就業・生活支援センター	(社福)光栄会 法人番号1250005002115	755-0072	宇部市中村3-10-44	0836-39-5357
	なごみの里障害者就業・生活支援センター	(社福)下関市民生事業助成会 法人番号4250005003143	759-6602	下関市大字蒲生野字横田250	080-6336-0270
	鳴滝園障害者就業・生活支援センター	(社福)ほおの木会 法人番号1250005000515	753-0212	山口市下小鯖2287-1	083-902-7117
	障害者就業・生活支援センター 蓮華	(社福)ビタ・フェリーチェ 法人番号5250005006558	740-0018	岩国市麻里布町2-3-10 1階	0827-28-0021
	障害者就業・生活支援センター ワークス周南	(社福)大和福祉会 法人番号5250005005824	745-0811	周南市五月町6-25	0834-33-8220
	ふたば園就業・生活支援センター	(社福)ふたば園 法人番号5250005004322	758-0025	萩市土原565-5	0838-21-7066
徳島県	障害者就業・生活支援センター わーくわく	(社福)愛育会 法人番号9480005003545	771-0214	板野郡松茂町満穂字満穂開拓50-5	088-699-7523
	障害者就業・生活支援センター はくあい	(社福)池田博愛会 法人番号3480005005480	778-0020	三好市池田町州津滝端1271-7	0883-72-2444
	障害者就業・生活支援センター よりそい	(社福)柏涛会 法人番号4480005004960	779-1235	阿南市那賀川町原260-1	0884-49-1709
香川県	障害者就業・生活支援センター 共生	(社福)恵愛福祉事業団 法人番号5470005004556	769-2702	東かがわ市松原1331-5	0879-24-3701
	障害者就業・生活支援センター オリーブ	(社福)香川県手をつなぐ育成会 法人番号3470005000648	761-8042	高松市御厩町546-1	087-816-4649
	障害者就業・生活支援センター くばら	医療法人社団 三愛会 法人番号2470005002389	763-0073	丸亀市柞原町185-1	0877-64-6010

都道府県	センター名	運営法人	センター郵便番号	センター所在地	センター電話番号
	障害者就業・生活支援センター　つばさ	(社福)三豊広域福祉会　法人番号5470005003780	768-0014	観音寺市流岡町750-1	0875-24-8266
愛媛県	えひめ障がい者就業・生活支援センター	(社福)愛媛県社会福祉事業団　法人番号7500005000855	790-0843	松山市道後町2-12-11　愛媛県身体障がい者福祉センター内	089-917-8516
	障害者就業・生活支援センター　あみ	(社福)来島会　法人番号9500005004862	794-0028	今治市北宝来町2-2-12	0898-34-8811
	南予圏域障害者就業・生活支援センター　きら	(公益財団法人)正光会　法人番号8500005006117	798-0039	宇和島市大宮町3-2-10	0895-22-0377
	障がい者就業・生活支援センター　エール	(社福)わかば会　法人番号4500005004413	792-0032	新居浜市政枝町2－6－42	0897-32-5630
	八幡浜・大洲圏域障がい者就業・生活支援センターねっとWorkジョイ	(社福)弘正会　法人番号7500005006902	796-0015	西予市宇和町卯之町5丁目234番地	0894-69-1582
	障害者就業・生活支援センター　ジョブあしすとUMA	(社福)澄心　法人番号6500005005962	799-0405	四国中央市三島中央3丁目13-12　サンハイツ三島中央　1階	0896-23-6558
高知県	障害者就業・生活支援センター　ラポール	(社福)高知県知的障害者育成会　法人番号4490005005330	787-0013	高知県四万十市右山天神町201	0880-34-6673
	高知障害者就業・生活支援センター　シャイン	(社福)太陽福祉会　法人番号3490005003475	780-0935	高知市旭町2-21-6	088-822-7119
	障害者就業・生活支援センター　ゆうあい	(社福)高知県知的障害者育成会　法人番号4490005005330	783-0005	南国市大埆乙2305	088-854-9111
	障害者就業・生活支援センター　ポラリス	(社福)安芸市身体障害者福祉会　法人番号8490005005418	784-0027	安芸市宝永町464-1	0887-34-3739
	障害者就業・生活支援センター　こうばん	(社福)太陽福祉会　法人番号3490005003475	785-0059	須崎市桐間西46	0889-40-3988
福岡県	北九州障害者就業・生活支援センター	(社福)北九州市手をつなぐ育成会　法人番号3290805000485	804-0067	北九州市戸畑区汐井町1-6　ウェルとばた2階	093-871-0030
	障害者就業・生活支援センター　デュナミス	(社福)上横山保育会　法人番号9290005008745	834-0055	八女市鵜池269-1　102号室	0943-58-0113
	福岡県央障害者就業・生活支援センター	(社福)鞍手ゆたか福祉会　法人番号2290805005584	822-0024	直方市須崎町16-19	0949-22-3645
	障害者就業・生活支援センター　野の花	(社福)野の花学園　法人番号6290005001406	810-0001	福岡市中央区天神2丁目13-17　キャリアセンター4階	092-729-9987
	障害者就業・生活支援センター　じゃんぷ	(社福)豊徳会　法人番号5290805007462	825-0004	田川市大字夏吉4205-3	0947-23-1150
	障害者就業・生活支援センター　ほっとかん	(NPO)大牟田市障害者協議会　法人番号8290005012789	836-0041	大牟田市新栄町16-11-1	0944-57-7161
	障害者就業・生活支援センター　ちどり	(社福)福岡コロニー　法人番号4290005005441	811-3101	古賀市天神1丁目2－36-103	092-940-1212

都道府県	センター名	運営法人	センター郵便番号	センター所在地	センター電話番号
	障害者就業・生活支援センター ちくし	(社福)自遊学舎 法人番号5290005007908	816-0811	春日市春日公園5-16 コーポ220-1-1	092-592-7789
	障害者就業・生活支援センター はまゆう	(社福)さつき会 法人番号6290005005720	811-3431	宗像市田熊5-5-2	0940-34-8200
	障害者就業・生活支援センター ちくぜん	(社福)野の花学園 法人番号6290005001406	838-0214	朝倉郡筑前町東小田3539-10	0946-42-6801
	障害者就業・生活支援センター ぽるて	(NPO)久障支援運営委員会 法人番号4290005010375	830-0033	久留米市天神101-1 Mビル1階	0942-65-8367
	障害者就業・生活支援センター BASARA	(NPO)嘉飯山ネット BASARA 法人番号4290005008527	820-0040	飯塚市吉原町6-1 あいタウン4階	0948-23-5560
	障害者就業・生活支援センター エール	(社福)みぎわ会 法人番号1290805006360	824-0036	行橋市南泉2-50-1	0930-25-7511
佐賀県	たちばな会障害者就業・生活支援センター	(社福)たちばな会 法人番号3300005003452	849-1425	嬉野市塩田町大字五町田甲2147 第一たちばな学園内	0954-66-9093
	障害者就業・生活支援センター もしもしネット	(社福)若楠 法人番号6300002006133	841-0005	鳥栖市弥生が丘2-134-1	0942-87-8976
	障害者就業・生活支援センター ワーカーズ・佐賀	(NPO)ステップ・ワーカーズ 法人番号6300005002955	849-0937	佐賀市鍋島3-3-20	0952-36-9081
	障害者就業・生活支援センター RuRi	(社福)東方会 法人番号7300005004174	848-0035	伊万里市二里町大里乙3602-2	0955-22-6600
長崎県	長崎障害者就業・生活支援センター	(社福)南高愛隣会 法人番号1310005004798	854-0022	諫早市幸町2-18	0957-35-4887
	長崎県北地域障害者就業・生活支援センター	(社福)民生会 法人番号8310005003901	857-0854	佐世保市福石町5-11 浦川ビル1F	0956-76-8225
	障害者就業・生活支援センター ながさき	(社福)ゆうわ会 法人番号7310005000866	852-8555	長崎市茂里町3-24 長崎県総合福祉センター3階	095-865-9790
	県南障害者就業・生活支援センター ぱれっと	(社福)悠久会 法人番号6310005005305	855-0042	島原市片町578-8	0957-73-9560
	下五島障害者就業・生活支援センター	(社福)さゆり会 法人番号7310005006822	853-0007	五島市福江町1190-47	0959-74-5910
熊本県	熊本障害者就業・生活支援センター	(社福)慶信会 法人番号8330005005441	862-0959	熊本市中央区白山2-1-1白山堂ビル104号	096-288-0500
	熊本県南部障害者就業・生活支援センター 結	(社福)慶信会 法人番号8330005005441	866-0898	八代市古閑中町3036	0965-35-3313
	熊本県北部障害者就業・生活支援センター がまだす	(社福)菊愛会 法人番号4330005002938	861-1331	菊池市隈府469-10 総合センターコムサール2階	0968-25-1899
	熊本県有明障害者就業・生活支援センター きずな	(医)信和会 法人番号3290005012265	865-0064	玉名市中46-4	0968-71-0071

都道府県	センター名	運営法人	センター郵便番号	センター所在地	センター電話番号
	熊本県天草障害者就業・生活支援センター	(社福)弘仁会 法人番号9330005006736	863-0013	天草市今釜新町3667	0969-66-9866
	熊本県芦北・球磨障害者就業・生活支援センター みなよし	(社福)水俣市社会福祉事業団 法人番号9330005006513	867-0043	水俣市大黒町2-3-18	0966-84-9024
大分県	障害者就業・生活支援センター 大分プラザ	(社福)博愛会 法人番号8320005000526	870-0839	大分市金池南1−9−5 博愛会地域総合支援センター内	097-574-8668
	障害者就業・生活支援センター サポートネットすまいる	(社福)大分県社会福祉事業団 法人番号5320005000479	879-0471	宇佐市大字四日市2482番地1	0978-32-1154
	障害者就業・生活支援センター はぎの	(社福)大分県社会福祉事業団 法人番号5320005000479	877-0012	日田市淡窓1-53-5	0973-24-2451
	豊肥地区就業・生活支援センター つばさ	(社福)紫雲会 法人番号8320005006226	879-7111	豊後大野市三重町赤嶺1927-1	0974-22-0313
	障害者就業・支援センター たいよう	(社福)太陽の家 法人番号2320005002619	874-0011	別府市大字内竈1393-2	0977-66-0080
	障害者就業・生活支援センター じゃんぷ	(社福)大分県社会福祉事業団 法人番号5320005000479	876-0844	佐伯市向島1-3-8(佐伯市保健福祉総合センター和楽1階)	0972-28-5570
宮崎県	みやざき障害者就業・生活支援センター	(社福)宮崎県社会福祉事業団 法人番号8350005000597	880-0930	宮崎市花山手東3-25-2 宮崎市総合福祉保健センター内	0985-63-1337
	のべおか障害者就業・生活支援センター	(社福)高和会 法人番号7350005003097	882-0836	延岡市恒富町3-6-5	0982-20-5283
	こばやし障害者就業・生活支援センター	(社福)燦燦会 法人番号6350005004501	886-0008	小林市本町32	0984-22-2539
	みやこのじょう障害者就業・生活支援センター	(NPO)希親会 法人番号9350005003954	885-0071	都城市中町1-7 IT産業ビル1階	0986-22-9991
	ひゅうが障害者就業・生活支援センター	(社福)浩和会 法人番号8350005002362	883-0021	日向市大字財光寺515-1	0982-57-3007
	にちなん障害者就業・生活支援センター	(社福)にちなん会 法人番号9350005004283	887-0021	日南市中央通2-5-10	0987-22-2786
	たかなべ障害者就業・生活支援センター	(社福)光陽会 法人番号9350005002163	884-0002	児湯郡高鍋町大字北高鍋1091-1 高鍋電化センタービル1階	0983-32-0035
鹿児島県	かごしま障害者就業・生活支援センター	(社福)鹿児島県社会福祉事業団 法人番号6340005001375	892-0838	鹿児島市新屋敷町16-217 鹿児島県住宅供給公社ビルC棟2階217号	099-248-9461
	おおすみ障害者就業・生活支援センター	(社福)天上会 法人番号1340005006585	893-0006	鹿屋市向江町29-2 鹿屋市社会福祉館内	0994-35-0811
	あいらいさ障害者就業・生活支援センター	(社福)真奉会 法人番号7340005002595	899-4332	霧島市国分中央1-4-23 真奉会地域総合支援センター内	0995-57-5678
	あまみ障害者就業・生活支援センター	(社福)三環舎 法人番号2340005004893	894-0036	奄美市名瀬長浜町5番6号 奄美市社会福祉センター内	0997-69-3673

都道府県	センター名	運営法人	センター郵便番号	センター所在地	センター電話番号
	なんさつ障害者就業・生活支援センター	(社福)敬和会 法人番号8340005005977	897-0302	南九州市知覧町郡135	0993-58-7020
	ほくさつ障害者就業・生活支援センター	(社福)鹿児島県社会福祉事業団 法人番号6340005001375	895-0027	薩摩川内市西向田町11-26	0996-29-5022
	くまげ障害者就業・生活支援センター	(社福)暁星会 法人番号8340005004351	891-3604	熊毛郡中種子町野間5297-15	0997-27-0211
沖縄県	障害者就業・生活支援センター ティーダ＆チムチム	(社福)名護学院 法人番号4360005003223	905-0009	名護市宇茂佐の森1丁目17番地の9	0980-54-8181
	中部地区障害者就業・生活支援センター にじ	(社福)新栄会 法人番号4360005002002	904-0032	沖縄市諸見里2丁目10番17号 シンシアハイツ1階	098-931-1716
	南部地区障がい者就業・生活支援センター かるにあ	(社福)若竹福祉会 法人番号9360005002567	901-2102	浦添市前田1004-9 2階	098-871-3456
	障害者就業・生活支援センター みやこ	(社福)みやこ福祉会 法人番号2360005003885	906-0013	宮古島市平良字下里1202-8 1階	0980-79-0451
	八重山地区障害者就業・生活支援センター どりいむ	(社福)わしの里 法人番号7360005003591	907-0023	石垣市字石垣371番地 東アパート1階	0980-87-0761

おわりに

　いろいろな事例を通して介護現場におけるコミュニケーションが苦手な人の支援について学ぶことができたでしょうか？事例通りのことがあなたの現場でそのまま起こることはないかもしれません。けれども似たようなことを学ぶことで、あなたが経験しているかもしれない困ったことへの対処に活かされることが私達の希望です。

　「はじめに」でも書いたように特に若い介護職の離職を防ぐためにも、職場内の円滑なコミュニケーションによる良好な人間関係が重要です。

　超高齢社会を担う人材として今後ますますその活躍が期待される介護職の職場定着支援のために本書が少しでも役に立つことができれば幸いです。

謝辞

　本書で取り上げた事例の参考として貴重な見学の機会やアドバイスをいただいた高齢者支援施設・障害者就労支援関係機関の方々等、多くの専門家の方々に心からの感謝を申し上げます。

編者・著者一覧

植草学園短期大学　教授　　　川村博子

植草学園短期大学　教授　　　漆澤恭子

植草学園短期大学　名誉教授　古川繁子

植草学園短期大学　准教授　　根本曜子

編集協力者

植草学園短期大学　教授　　　布施千草

植草学園短期大学　准教授　　今井訓子

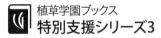

植草学園ブックス
特別支援シリーズ3

介護現場のリーダーお助けブック
コミュニケーションが苦手な人の支援のために

2017年2月13日　初版第1刷発行

- ■編　著　　川村博子・漆澤恭子・古川繁子・根本曜子
- ■発行者　　加藤　勝博
- ■発行所　　株式会社 ジアース教育新社
　　　　　　〒101-0054　東京都千代田区神田錦町1-23　宗保第2ビル
　　　　　　TEL：03-5282-7183　FAX：03-5282-7892
　　　　　　E-mail：info@kyoikushinsha.co.jp
　　　　　　URL：http://www.kyoikushinsha.co.jp/

- ■表紙デザイン・DTP　　土屋図形 株式会社
- ■印刷・製本　　　　　　株式会社 創新社
- ○定価はカバー表示してあります。
- ○乱丁・落丁はお取り替えいたします。（禁無断転載）

Printed in Japan
ISBN978-4-86371-405-2